社会工作督导系列培训教材

中国社会工作教育协会社会工作督导专业委员会 编写

SHEHUI GONGZUO DUDAO

LILUN YU FANGFA

社会工作督导
理论与方法

张洪英
主 编

中国社会出版社
国家一级出版社 · 全国百佳图书出版单位

图书在版编目（CIP）数据

社会工作督导理论与方法 / 张洪英主编．—北京 ：中国社会出版社，2018.7（2024.9 重印）

社会工作督导系列培训教材

ISBN 978-7-5087-6035-3

Ⅰ．①社…　Ⅱ．①张…　Ⅲ．①社会工作－监督－教材　Ⅳ．①C916

中国版本图书馆 CIP 数据核字（2018）第 162254 号

社会工作督导理论与方法

出 版 人：程　伟

终 审 人：胡晓明

责任编辑：杨　晖　张　杰

装帧设计：时　捷

出版发行：中国社会出版社

（北京市西城区二龙路甲 33 号　邮编 100032）

印刷装订：北京九州迅驰传媒文化有限公司

版　　次：2019 年 4 月第 1 版

印　　次：2024 年 9 月第 2 次印刷

开　　本：170mm × 240mm　1/16

字　　数：220 千字

印　　张：13.75

定　　价：45.00 元

社会工作督导系列培训教材
编委会

丛书主编： 马凤芝

丛书副主编： 张洪英　吕新萍　黄　红　童　敏

本书主编： 张洪英

本书副主编： 赵记辉　董云芳

编　　委：（按姓氏笔画排序）

丁惠芳　马凤芝　王　越　邓　锁　付　芳
代　曦　史天琪　史柏年　叶嘉宝　刘　莹
向　荣　吕新萍　孙　莹　成元君　朱眉华
毕兰凤　齐华栋　张　青　张　剑　张洪英
张　健　张　曙　李志伟　李晓凤　杨　晖
沈　黎　苏　光　易松国　范　斌　俞　宁
费梅苹　赵记辉　徐明心　顾东辉　黄　红
黄耀明　曾华源　童　敏　董云芳　谭祖雪

总　序

2015年李克强总理在《政府工作报告》中提出"发展"专业社会工作，这是继党的十六届六中全会提出的"建设一支宏大的社会工作人才队伍"战略部署后，中央再一次就发展专业社会工作作出明确政策安排。2016年李克强总理在《政府工作报告》中强调要"支持"专业社会工作发展，2017年和2018年李克强总理在《政府工作报告》中又提出"促进"专业社会工作的发展，这对整个社会工作发展、加强和创新社会治理都具有非常重大的意义，标志着专业社会工作发展进一步进入国家决策层面，并成为保障改善民生、加强社会建设和创新社会治理的重要手段。

社会工作督导是专业社会工作发展的重要组成部分，也是社会建设和创新社会治理的重要环节，社会工作督导队伍是社会工作人才队伍建设的关键和核心元素。2012年3月，19部门联合发布的《社会工作专业人才队伍建设中长期规划（2011—2020年）》中明确提出培养8万名社会工作督导人才的目标；2015年9月，中国社会工作联合会出台了《注册社会工作督导培训标准体系（试行）》文件。2009年至今，各省市为推动社会工作督导的发展，相继出台了近四十个相关的政策和指导意见，其中包括社会工作督导人才资质、选拔、培养、职责、使用、考核评估、薪酬津贴和认证等内容的政策，其后，广东省及其所辖的广州市、深圳市、东莞市、中山市，以及重庆市、上海市及其所辖浦东新区、南京市、浙江省安吉县等省市和地县相继出台了地方社会工作督导人才培养及专业督导标准的文件。近年，福建省及其所辖厦门市、北京市、湖南省及杭州市也都相继出台了有关社会工作专业督导人才选拔和管理办法。上述政策及指导意见的相继出台，标志着中国社会工作督导的发展已经有了国家、地方政府和行业协会的标准，社会工作督导对社会工作专业水平发展的重要作用日益得到各级政府主管部门和专业协会的重视。

在政策保障和指导下，在专业社会工作发展和创新社会治理的需求和推动下，中国社会工作督导实务有了进一步发展。首先是督导人才队伍建设的发展。2013 年社会工作师委员会启动实施“全国社会工作督导人才培养计划”，该计划以专业课程培训、实务训练、进修学习三种方式在全国重点培养见习督导、初级督导、中级督导和高校实习督导等专业人才。同时，中国社会工作教育协会也组织了全国规模的社会工作督导人才培训。地方上，深圳市自 2009 年开始建立社会工作专业督导体系，截至 2016 年 6 月底，深圳社会工作者协会培养本土督导 804 人，督导队伍已成规模。广州市委托广州社会工作协会开办社会工作督导培训班，培养了 300 多名优秀的本土督导者。截至 2014 年底，上海市浦东新区培养助理督导和初级督导 24 名，杨浦区培养督导和助理督导 22 名，静安区培养见习督导 15 名。其次是机构设置的完善。中国社会工作教育协会社会工作督导专业委员会于 2016 年 10 月 30 日成立，标志着社会工作督导教育、实务和研究有了专门的组织去推动。2016 年 11 月和 2017 年 7 月社会工作督导专业委员会分别在山东大学和首都经济贸易大学召开了关于社会工作督导的专门会议和年会，中国社会工作督导研究得到了国内外学者和督导同人的高度关注和重视，中国社会工作督导标准的制定也进入了快车道。

随着中国社会工作督导政策、人才队伍和实务的发展，中国社会工作督导的研究也在不断发展。据中国知网（CNKI）统计数字显示，自 1998 年至 2017 年，关于中国社会工作督导研究的文献有 101 篇，如果取平均值，每年的发文量仅为 6 篇，发表文章数量最多的年份是 2017 年，数量达到 15 篇。这说明，单从学术成果来看，目前我国对于社会工作督导的研究亟待加强，中国社会工作督导在政策、实务和研究等方面虽然得到了前所未有的发展，但是还存在一些问题，如社会工作督导人才队伍的实际发展与相关政策规划所制定的社会工作督导人才队伍的规模数量间还存在一定的距离，督导人才的实际能力与督导实践的发展需求间还存在一定差距，督导实践中适应中国本土所需的社会工作督导的理论知识体系还需要建构，督导培训中所需要的社会工作督导教材需要建设等。鉴于此，中国社会工作教育协会社会工作督导专业委员会与中国社会出版社合作，共同编写出版了这套中国社会工作督导系列培训教材，以回应社会工作专业发展对督导人才和实践的需要。

本套丛书共5册，包括《社会工作督导基础知识》《社会工作督导理论与方法》《为服务一线社工而来——13位社会工作督导者的心路历程》《社会工作督导实务案例分析》和《社会工作督导文件汇编》（后续出版）。丛书坚持国际性、本土性、逻辑性和系统性原则，参照借鉴国外专家学者的观点，力图体现督导理论和实务知识的国际规范，展现中国不同情境中的督导实践，体现督导理论和实务知识的情境性和特殊性。《社会工作督导基础知识》从督导理论和实务知识的逻辑性角度概括性地阐释了社会工作督导的内涵；《社会工作督导理论和方法》比较详细地阐释了社会工作督导的相关理论和方法；《为服务一线社工而来——13位社会工作督导者的心路历程》呈现了发展中的中国社会工作督导、督导实务与管理、多元化督导的发展历程，以及社会工作教育者和实务者对督导实践的探索；《社会工作督导实务案例分析》则按照价值和伦理、政策、专业性和有效性、文化能力、理论转化、专业方法和技巧、关系处理和情感支持等议题展现了督导实务案例；《社会工作督导文件汇编》将国家和地方、行业协会出台的有关督导实践和人才培养的文件按照时间顺序编排成册，供实务者使用。丛书包含的五本书是一个体系，从社会工作基础知识，到社会工作督导理论与实践的知识，再从督导者的心路历程等角度，多侧面呈现我国社会工作督导发展的过程，以期给读者以感悟、启发和行动的动力；督导实务案例是社会工作督导者实务经验的集合，是与国际社会工作督导理论和实务的对话、反思，是我国社会工作教育者和实务者的自我、自域的督导实践，从中可以发现我国社会工作督导发展的方向；最后是国家和地方有关社会工作督导人才和实务发展的文件汇编，可为社会工作研究者、教育者和实务者提供社会工作督导理论和实务发展的政策依据。我们真诚地期待“社会工作督导系列培训教材”的出版能够为社会工作的研究者、教育者、实务者及专业督导人才的培养提供本土化的社会工作督导理论和实务知识。同时，书中不可避免会存在不当之处，敬请广大社会工作教育者和实务者斧正！

本套丛书中的《社会工作督导基础知识》的主编是童敏，《社会工作督导理论和方法》和《社会工作督导文件汇编》的主编是张洪英，《为服务一线社工而来——13位社会工作督导者的心路历程》的主编是吕新萍，《社会工作督导实务案例分析》的主编是黄红、李晓凤。丛书的出版得到中国社会出版社的大力支持，感谢社会工作分社的杨晖主任、张杰副主任及全体编辑的辛勤劳动！感谢为丛书出版付出努力的所有编写者及提供案例的社会工作服务机构！感谢中国社会工作教育学会的指导和支持！

北京大学社会学系教授

中国社会工作教育协会副会长、秘书长

马凤芝

目录 Contents

第三章　社会工作督导的互动模式

第四章　社会工作督导的反思学习模式

第五章　社会工作督导的整全模式

第六章　社会工作督导的基本流程

第七章 社会工作督导的技巧

第八章　社会工作督导评估

第一章　社会工作督导概述

本章主要介绍社会工作督导的基础知识，为后续内容的学习奠定基础，具体内容主要包括社会工作督导的概念、功能、目标、意义、角色、任务、类型和工作范围。

第一节　社会工作督导的概念与功能

关于社会工作督导的概念和功能，不同学者有不同的解读，但大部分都是围绕教育性督导、行政性督导和支持性督导这三大方面展开论述。本节首先回顾和讨论过往学者对社会工作督导概念和功能的解释，然后根据中国本土的现实情况，对其进行新的分析和解释。

一、社会工作督导的概念

“督导”一词是由英文中的“Supervision”直接翻译过来的。关于社会工作督导的概念，国内外学者从不同角度对其进行了解读。罗宾逊视“督导为一个教育的过程，经由一个有专业知识和技巧的人，负责训练一个经验较少的人”①。

廖荣利教授则认为，督导是社会工作专业训练的一种方法，它是由机构内知识渊博、经验丰富的专业工作者，对机构内新的工作者，通过一种定期和持续的督导程序，传授专业服务的方法与技术，以增进工作人员的专业技巧，并确保其具有对服务对象提供专业服务的素质②。Miller 特别强调督导的合作性和教育性，认为督导是一种合作性的教育过程，经由督导者和受督导者关系的建立，督导者在机构功能范围内，把他的工作做得更好③。美国社会工作者协会出版的《社会工作百科全书》第 1 版认为：“督导是社会工作专业的传统方法，通过这种方法把社会工作知识和技术，由训练有素的社会工作者传授给新的社会工作者或实习生。”④

上述定义都强调督导是社会工作的一种专业训练手段，较为看重它的教育性功能。其他一些解释则偏重督导的行政性功能。《社会工作百科全书》第 16 版（1971）和第 17 版（1977）将督导定义为：“一种行政功能……一个确保工作完成并维持组织管理与责任的过程。”米勒也指出：“社会工作督导基本上是监察工作，是以完成组织责任为目标的行政过程。”

有的学者同时强调督导的教育性功能和行政性功能，认为它是二者合一的过程。Towle（1962）认为，“督导是一种具有教育目标的行政性过程”⑤。威尔逊（Wilson）也强调，督导的责任包括教育工作和行政工作二者……督导的最后目标是经由工作员更有效果的努力，使机构服务质量提

---

① 史柏年，侯欣．社会工作实习［M］．北京：社会科学文献出版社，2003：158.

② 廖荣利．社会工作学［M］．先锋印刷公司，1984.

③ Miller F P, Vandome A F, Mcbrewster J, et al. Jewish Community Center［M］. Alphascript Publishing, 1953.

④ Kadushin and Harkness. Supervision in Social Work. Columbia University Press, 2002.

⑤ Towle C, Rappaport M F, Anderson C W. The Role of Supervision in the Union of Cause and Function in Social Work［with Comments］［J］. Social Service Review, 1962, 36(4): 396-411.

高和完成机构主要目标。不论社会工作督导的重点应为何，督导工作可视为培养训练人才的方法之一，其实施上应与行政工作相结合①。伯恩斯也认为，督导的职责兼有行政和教育的性质，督导的终极目标是通过使工作者的工作更富有成效来提高机构服务的质量，从而接近或达成其中心目标②。

还有的学者对督导赋予了支持性的功能。比如：Skidmore 认为，督导是一项教育、行政及其使能的过程，通过督导者与受督导者的互动，提升社会工作者的专业知识和能力③。Kadushin（2008）则认为，社会工作督导员是指机构中的行政管理人员，该行政管理人员有权对他所主管的受督导者的工作表现进行指导、协调、提高和评估；在行使这一职责的过程中，督导者与受督导者要建立积极的关系，并通过彼此的互动来实现督导的行政性功能、教育性功能和支持性功能；督导者的终极目标是奉行机构的政策，遵循机构的处理方案，为机构的当事人尽力提供数量上最多、质量上最好的服务；督导者不向当事人提供直接的服务，然而他们却通过对直接服务的工作者施加影响，来间接地调节服务水平④。《社会工作百科全书》第 19 版也认为，社会工作督导兼有行政、教育和支持三种功能，这三种功能相辅相成，不可或缺。

从督导的参与主体来看，传统的督导概念都强调督导者是机构内知识渊博、经验丰富的专业工作者，或者是机构内的行政管理者；受督导者是新进机构的社会工作者，或者是还没有毕业的实习学生。本书认为，社会工作督导的督导者既应包括机构内的工作人员，也应该包括高校内部负责对实习学生进行督导的社会工作专业教师；受督导者还应包括不定期到机

---

① Tunnell, Wilson. "A Study to Determine a Sound Procedure for Conducting and Providing Supervision for Small Secondary Schools." *Unt Theses & Dissertations* , 1949.

② 阿尔弗雷多·卡杜山，哈克尼斯．社会工作督导［M］．郭名倞，等，译．北京：中国人民大学出版社，2008：19.

③ 全国社会工作者职业水平考试教材编写组．社会工作综合能力（中级）［M］．北京：中国社会出版社，2007：307.

④ Kadushin and Harkness. Supervision in Social Work, Columbia University Press, 2002.

构服务的志愿者。

综合过往学者的观点和笔者的理解，本书中所说的社会工作督导是社会工作的一种专业训练方法，是由机构内的资深社会工作者或行政管理人员以及高校内具有督导资质的专业教师，对机构内新进的正式或非正式工作人员（实习学生或志愿者），进行定期和持续的支持、指导、评估、监督和管理，传授专业服务的方法与技术，以提升其专业水平，促进其专业成长，并确保其服务质量的一种活动。具体而言，这一概念包括如下几方面的含义：

从性质的角度看，社会工作督导是一种专业训练方法。

从主体的角度看，社会工作督导的主体是督导者与受督导者。督导者有两类：一类是机构内的资深社会工作者或行政管理人员，另一类是高校内具有督导资质的专业教师。他们都应具有丰富的专业知识和实务经验，接受过正规的社会工作专业训练和督导，拥有良好的专业素养和督导技巧。受督导者也有两类：一类是机构内的正式新进工作人员，另一类是机构内的非正式工作人员，包括社会工作专业的实习学生和没有接受过社会工作专业训练的志愿者。

从功能的角度看，社会工作督导兼有行政、教育和支持三种功能，这三种功能相辅相成，不可或缺。

从内容的角度看，社会工作督导既有督导者对受督导者的评估、监督和管理；也有督导者对受督导者的支持、指导和提高。

从过程的角度看，社会工作督导具有持续性和严格的程序性。

从目标的角度看，社会工作督导的直接目标是塑造专业的社会工作者；终极目标是确保和提升社会工作的专业服务质量。

二、社会工作督导的功能

由上述内容可见，社会工作督导的功能是对其概念进行解释和界定的基本标准。这一概念的发展历程表明，大部分学者都认为社会工作督导具有行政性、教育性和支持性三种功能。基于这三项功能，Kadushin 发展出社会工作督导的六项任务，其中三项与教育功能相关：协助员工专业发展、加强临床知识与技巧、培养员工专业自主及独立性；一项与支持性功能相关：协助员工对本身的工作感到满意；两项与行政功能相关：筹措与建立良好而有效率的工作环境、提供有效且具效率的服务[①]。Middleman 及 Rhodes 则总结了社会工作督导的九项功能：调控工作中的人际关系、工作环境的管理、处理因工作而引起的压力、改进机构工作与过程、员工及机构功能的评估、倡导员工福利及需要、提高员工士气、知识与技巧的教育、提升员工对社会工作专业的投入精神。所有这些功能均以善用员工资源，以提供优质服务为目的[②]。

但对于这一问题，其他学者也有不同的解释。Austin 认为，督导者具有四个专长：直接服务、机构事务、训练及人事管理[③]。Harkness 及 Hensley 认为督导的功能包括专业社群化、专业教育、机构事宜、服务行政四个方面[④]。Bunker 及 Wijnberg 则倾向行政督导，认为督导功能主要表现为九个方面：应用及阐明服务模式；调控及管理机构气氛；鼓励员工培训；参与机构决策；表述机构要求；协调工作；澄清目标及任务；提升解决问题的能力；日常工作管理。这九项功能集中于社会服务的策划与推行过程中，其最终目标是为服务对象提供优质服务[⑤]。

（一）社会工作督导的教育性功能

唯有提升一线社会工作者的专业水平，才能保障和提升服务质量。但在现实工作中，很多从事实际工作的人都没有相应的专业水平。很多志愿者没有接受过任何系统的专业训练；只在课堂里学习过相关理论知识的实

---

① Alfred Kadushin . What's Wrong, What's Right with Social Work Supervision [J] . Clinical Supervisor, 1992, 10 (1): 3 – 19.

② Middleman, Ruth R, and G. B. Rhodes. *Competent supervision: making imaginative judgments*. Prentice – Hall, 1985.

③ 转引自：徐明心，何心成．社会工作督导：理论、实践与反思．香港基督教服务处，2003.

④ Harkness D, Hensley H. Changing the Focus of Social Work Supervision: Effects on Client Satisfaction and Generalized Contentment [J] . Social Work, 1991, 36 (6): 506.

⑤ 转引自：徐明心，何心成．社会工作督导：理论、实践与反思．香港基督教服务处，2003.

习学生则特别缺乏实务经验；即使那些已经结束了学院式的专业训练、成为新进社会工作者的人，他们对新知识、方法与技巧仍有迫切的需要。况且，社会变化迅速，服务对象的需求复杂且多元、多变，他们在实务过程中面对的很多问题可能都是从来没有接触过的。在这种情况下，督导的教育性功能就显得尤为重要。只有在督导这种“专业在职训练”的帮助下，才能保障和提升受督导者的专业水平。

一般说来，督导工作的教育功能并非单单在于专业知识、技巧的灌输与启发，更重要的是帮助受督导者将知转化为行。Kadushin 和 Harkness 认为，督导内容应量身定做，针对受督导者所面对的特定问题、工作量、个人需要进行特定的“持续教育课程”。其中应包括实务技巧、专业动机、日常工作管理、持续学习四个方面①。曾华源教授则提出了督导教育功能五个方面的内容②：

一是协助受督导者学习社会工作专业伦理原则和精神。在专业伦理与价值观方面，刚刚从事实务工作的受督导者经常面临三个方面的矛盾与冲击：自己原有的真实自我的认识、在课堂里学过的相关知识、实务过程中面临的实际情境和问题。在这种矛盾与冲击之下，受督导者经常十分困惑迷茫，不但不知道该如何处理实务问题，也不知道该如何处理自己的矛盾与情绪。督导者特别需要对受督导者进行引导，帮助他们具体、全面地理解专业价值，达到真实自我与专业自我的融合、伦理性知识与具体实务操作的融合。

二是协助受督导者充实专业知识，磨炼工作技巧。实务情境与学科知识的迅速更新，需要受督导者不断充实自身专业知识。而且，作为一个实务操作型的专业，社会工作所有的专业知识与技巧都必须落实到实务操作的具体过程和细节中去。因此，督导者很重要的一个功能就是帮助受督导者不断学习新知识，并将其所有的知识运用到实务过程中，缩短“知”与

① Kadushin and Harkness. Supervision in Social Work. Columbia University Press, 2002.

② 曾华源．社会工作实习教学与督导训练——参与/整合模式之探讨［M］．台北：力行书局，1987：138.

“行”之间的距离。

三是促进受督导者的自我了解，养成专业自我。受督导者经常缺乏充分的自我认识与了解，经常被专业自我与真实自我之间的矛盾所困惑但又不自知。督导者需要和受督导者一起分析他们在实务过程中的所感、所思与所为，了解他们背后的理念，并在此过程中促使受督导者提升自我意识与了解，使其加深对专业价值与伦理的理解，并在此基础上形成稳定的专业自我。

四是促进受督导者了解服务对象的特性和问题。对服务对象的充分了解与把握是提供有效服务的必要前提。督导者需要和受督导者一起分析他们所掌握的关于服务对象的所有信息，对其问题和需要作出准确评估，确定受督导者是否准确地掌握了服务对象的情况和问题，帮助他们用多种方法和技巧去辨识和掌握各种信息。

五是帮助受督导者认同机构，并遵照机构之关系和社会中可运用之资源提供服务。机构是服务提供的载体，服务提供的内容与方式都必须与机构的价值理念相一致。督导者有责任帮助受督导者理解并认同机构的文化，并在其允许的范围内筹集资源、提供服务。

Kadushin 则认为，教育性督导应包括如下几方面的内容①：机构的情况；与社会问题相关的知识；人们在面对服务对象所遇到的社会问题时可能产生的行为变化；提供帮助的技术和方法；助人过程；加强受督导者的专业意识；受督导者本人及其态度、感觉和行为；帮助受督导者建立自我意识；帮助受督导者建立种族、性别和性取向方面的意识和敏感性。

为了实施督导的教育性功能，督导者在实际督导过程中应遵循以下几个基本原则：

一是每位受督导者均已有其习惯的学习方式，督导者不宜规定太多或限制学习的方式。除了必须适度尊重受督导者个人独特的学习方

---

① 阿尔弗雷多·卡杜山，哈克尼斯．社会工作督导［M］．郭名倞，等，译．北京：中国人民大学出版社，2008.

式外，应就其独特的学习方式，善加引导；并于适当时机，助其告别不良学习方式。

二是传递新知识和新方法时，采用与受督导者原有的知识经验基础接近的方法和内容，比较容易产生效果，并且在适当时机方可行之。如果传递的新观念和原则与受督导者目前的工作需要有关，则学习效果更大。

三是对思考方式和工作技巧的训练，应该力求基本原则与实际情况相配合，以增进学习效率。也就是说，从受督导者所面临的实际情况出发，讨论专业知识原则和技巧的运用。

四是以鼓励代替挫折，将使受督导者把学习当作是愉快的成长过程，而不会有不安全感，并且更能激发其学习的潜能，维持适度的学习动机。

五是要将学习内容和期望说明清楚，并与受督导者讨论，以确信受督导者的了解和接受程度，避免冲突的发生。

（二）社会工作督导的行政性功能

不管受督导者是否是机构的正式员工，他们都需要同时向服务对象、机构、出资方等各种利益相关方负责与交代。督导的行政性功能就在于确保受督导者的每项工作均能符合机构的期望和规定，并且有质量、有效率。《社会工作百科全书》第2版（1971）与第3版（1977）把督导的行政性功能解释为：妥善地执行工作，维系机构操控与问责。Kadushin 则认为行政性功能的基本问题是如何正确、有效、恰当地贯彻实施机构的方针政策并按程序办事；其基本目标是坚持机构的方针政策不动摇，并坚定不移地按照程序办事①。

行政性功能的主要内容在于管理及说明机构的政策、行政程序和有关工作规定；协助受督导者解决行政工作上所遭遇到的难题；向上级提出改进政策和服务程序等的建议；帮助受督导者了解机构行政方面各种有关的

---

① 阿尔弗雷多·卡杜山，哈克尼斯．社会工作督导［M］．郭名倞，等，译．北京：中国人民大学出版社，2008：16.

行政程序和规则，以便能依循而有效率地完成服务工作。因此，督导者在行政层面上的职责与功能应该是多元性的。

Kadushin 认为，为了实现督导的行政性功能，督导者在督导过程中需要完成下述任务①：员工的招募与甄选；引导与安置工作者；拟订工作计划；分派工作；工作授权；监控、检查和评估工作；协调工作；沟通功能；充当受督导者利益的代言人；充当行政管理的缓冲器；充当改变的媒介。

为了很好地完成上述任务，督导者必须对机构各方面的内容相当清楚。概而言之，督导者主要对以下几个方面具有很好的了解和理解：机构服务的宗旨和组织体系；机构的政策和有关服务的各种规则；机构组织中每个角色的职务；机构成员彼此之间的工作关系或单位之间彼此的关系；机构对每一个工作员的期待和要求；机构行政程序的实际运作过程。

从行政角度讲，督导者需要对受督导者的服务质量负连带责任。因此，行政性功能的实现需要一个重要的条件——督导者的权威。一般说来，督导者的权威有两种来源：第一，机构制度赋予督导者的正式权力，包括督导者的地位、职责、奖惩权、人事权等；第二，督导者的资历、工作经验、专业训练和专业知识等。根据 Kadushin 的研究，当督导者主要依靠后者的权威进行工作时，较容易为受督导者所接受；如果督导者过度或经常使用制度所赋予的正式权力，则显示督导者的权威尚未建立，而且督导关系不良，经常会出现受督导者的抗拒和彼此之间的冲突②。

（三）社会工作督导的支持性功能

社会工作者最大的工作动力通常是来于自身内部或者精神层面，比如：对工作的看法；在工作中获得的价值感与满足感；服务对象、督导者及机构对自己工作的评价；工作的积极性与责任心等。但是，由于种

---

① 阿尔弗雷多·卡杜山，哈克尼斯．社会工作督导［M］．郭名倞，等，译．北京：中国人民大学出版社，2008：38.

② Kadushin，A. Supervision in Social Work. New York：Columbia University Press，1976.

种原因，一线的社会工作者，特别是初入门的受督导者，在实际工作中经常面临各种压力、挫折与困惑，导致产生势单力薄、力所不及、焦虑、自责、无用感等各种消极感受。在这种情况下，社会工作督导的支持性功能就显得尤为重要。这种功能被定义为：向下属提供情感支持，并提升下属的自我价值感①。相对而言，教育性功能和行政性功能强调更多的是工具性目标，而支持性功能强调更多的是满足受督导者的情感性需要。其实，正是情感性需要的满足，才使工具性目标的实现成为可能。

受督导者经常需要面对的具体而常见的压力源主要有以下几个方面②：

（1）行政性督导：工作量太多，负担过重；限时完成工作；要遵照服务规则提供服务等。

（2）教育性督导：随时要学习，并改变自己不当之处，即为一个压力来源。

（3）与督导者之间的关系：督导者的督导方式不易接受、常与督导者有不同的观点等，皆为压力的来源。

（4）服务对象：需要去满足服务对象的期望，又担心服务对象是否会受到伤害。有时服务对象的问题过分复杂，却需要立即处理；如遇到危机事件，则更引起受督导者焦虑的情绪，加之服务对象的问题如果不易解决，受督导者的无力感、无意义感等负面情绪就更容易产生。

（5）工作任务的性质与背景。

（6）组织。

（7）社区（社会）对社会工作的态度。

（8）受督导者自身。如对自己信心不够，担心工作不能做好；对自己期望过高，无法了解自己能力的有限；担任相同工作时间太久而感到厌烦，或是没有成就感，甚至由于个人原因（如与他人发生冲突、家中有人重病等），而使得个人能力无法充分发挥，影响工作质量。

---

① 阿尔弗雷多·卡杜山，哈克尼斯．社会工作督导［M］．郭名倞，等，译．北京：中国人民大学出版社，2008：174.

② 阿尔弗雷多·卡杜山，哈克尼斯．社会工作督导［M］．郭名倞，等，译．北京：中国人民大学出版社，2008：178.

为了实现督导的支持性功能，督导者需要完成以下几方面的任务：

（1）适时增强受督导者的自我功能，帮助其建立信心，协助其适应及处理因工作所带来的挫折、不满、失望、焦虑及罪恶感等各种情绪。

（2）经由督导者适时的察觉，给予关怀和支持，使受督导者在执行工作中有安全感，而愿意尝试新的工作。

（3）协助受督导者觉察和欣赏自己的工作成效，以激发受督导者的工作情绪和士气，进而对机构和职业产生认同感和归属感。

（4）给予受督导者从事专业工作的满足感和价值感，以认同专业工作，进而愿意继续投身专业工作的行列。

当受督导者面临压力与挫折的时候，他们经常情绪不够稳定，而且容易反映在工作上，并影响服务成效。督导者需要有敏锐的观察力，随时注意受督导者的心理需求，以便适时给予支持鼓励，帮助受督导者认清自我，克服工作压力，适应工作环境，并且有自信和有兴趣来完成工作。曾华源教授提出，督导者常用的支持性技术主要有：再保证（reassurance），鼓励（encouragement），成就的认定（recognition），基于事实表达信心、赞同与赞美，净化与疏导情绪（Catharsis - Ventilation），减敏感和概括化（densitization and univeralization），表示兴趣和关心的倾诉，提供数据，面对现实，直接调适（direct intervention），提供示范性行为等①。

综上所述，社会工作督导的三种功能之间既有区别（见表 1 - 1），又有联系。

虽然督导的三种功能之间在很多方面都各有不同，甚至冲突，但它们并不是相互排斥，而是相互融合、相辅相成的。比如，通过帮助受督导者提升工作技能，既直接实现了督导的教育功能，又能提升工作满意度，减少因担心能力不足而产生的焦虑。总之，社会工作督导的三种功能构成了一个有机系统，三者缺一不可。

---

① 史柏年，侯欣．社会工作实习［M］．北京：社会科学文献出版社，2003：164.

表1－1　教育性功能、行政性功能和支持性功能之间的区别和联系①

内容	教育性功能	行政性功能	支持性功能
指向的需要	工具性需要	工具性需要	表达性需要
提供的内容	开展工作必备的知识和技能	有助于工作开展的组织机构和机构资源	使受督导者焕发精神、富有成效地开展工作的心理氛围和人际关系环境
关注	知识方面影响服务的障碍	组织方面影响服务的障碍	情绪方面影响服务的障碍
强调	知识层面	执行与管理层面	情感层面
任务与目标	更新知识技能，提高工作者的能效	提供更多资源，提高组织能效	降低压力，提高积极性，坚定决心，提高工作者的能效
权力来源	专业权	职权、奖惩权与惩罚权	表率权
提供的典范	互不相同但互相补充的社会工作者典范	高效率的社会工作者典范	富于同情心和善解人意的社会工作者典范

第二节　社会工作督导的目标与意义

从先行国家和地区的发展经验来看，督导在社会工作发展的过程中具有非常重要的意义和作用。对于刚刚起步的中国社会工作而言，督导显得更为重要。

---

① 根据阿尔弗雷多·卡杜山、哈克尼斯著，郭名倞等译，社会工作督导（第四版），北京：中国人民大学出版社，2008：172－173页内容整理．

一、社会工作督导的目标

社会工作督导的目标可以分为具体目标和终极目标两个层次。

从具体目标的层次来看，社会工作督导的三种功能所针对的具体目标各有不同。

（一）教育性功能的具体目标

教育性功能的具体目标是促进受督导者的专业成长与发展，使其能够成为具有专业意识与社会责任感、能够艺术性地运用专业知识和技巧、严格遵守专业伦理，即使在没有督导的情况下也能独立开展工作的专业社会工作者。

（二）行政性功能的具体目标

行政性功能的具体目标是为受督导者有效开展工作提供有利的工作环境；提升受督导者的行政能力。

（三）支持性功能的具体目标

支持性功能的具体目标是帮助受督导者对自己以及自己所做的工作感觉良好①。

虽然三种功能的具体目标各不相同，但它们都指向一个共同的终极目标——为服务对象提供充分、有效的社会工作服务。为了实现这一目标，督导者在行政上要对受督导者的工作与机构中其他人的工作进行整合与协调，教会受督导者运用更加适切、娴熟的技巧开展工作，调动受督导者的工作积极性。因此，具体目标实际上是实现终极目标的工具或手段。

二、社会工作督导的意义

虽然很多专业服务领域都有督导，但对于社会工作而言，督导却具有

① 阿尔弗雷多·卡杜山，哈克尼斯．社会工作督导［M］．郭名倞，等，译．北京：中国人民大学出版社，2008：17.

与众不同的重要意义。社会工作自身的诸多特点决定了督导对它的各个环节、各个方面都具有深远影响。

（一）保障和提升服务质量

良好的社会工作专业服务意味着不但能够使服务对象获得有效和恰当的帮助，而且能保障服务对象在此过程中不会受到伤害。督导的教育、支持与行政功能不但能直接提升一线社会工作者的工作能力，也能为其营造良好的工作环境，保障和提升服务质量。另外，督导之所以在社会工作的工作过程中那么重要，还在于社会工作的专业工作本身具有不同于其他专业的特点。首先，为了保护服务对象的隐私，社会工作者的工作是不允许直接从旁监督的。也就是说，社会工作者的工作具有“角色表现的非可视性”。在这种情况下，如果没有全面的监督和督导，就很难保障服务对象在服务过程中能够不受伤害。其次，社会工作者的工作表现与实际效果之间的表现带有一定的滞后性与不确定性。不管是积极的还是消极的工作效果，都不会立即且非常明显地表现出来。为了确保服务质量，必须建立完善的督导制度，对社会工作者的工作进行定时的监督、支持与指导。

（二）促进受督导者的自我成长

在我国目前的现实情况下，很多真正在一线从事实务服务的社会工作者没有接受过正规且严格的专业训练，他们在专业投入、专业知识、技巧及各个方面都还存在很大不足，特别需要督导帮助。即使那些接受过正规专业培训的新入职社会工作者，学校专业知识的教育和短期的职前教育也不能使其拥有足够的工作能力。定期、持续的督导过程能够帮助他们结合服务体验体会专业知识与方法，体会自己对真正的职业行为的感受；协助他们适应工作环境；克服服务过程中所遭受到的挫折等。而所有这些均能促进受督导者专业自我和真实自我的同步成长，增进专业投入。

（三）保障服务机构的正常运行

社会工作是通过服务机构向服务对象提供服务的专业，机构的运转质量决定了社会工作服务的最终效果。作为一个组织，服务机构必须建立一种科层管理机制来协调与整合不同部门与个人的工作，从而保障整个机构的有效运转。这种科层管理机制赋予督导行政权威与责任，使其能够帮助受督导者提升对机构的认同，遵循机构的政策与规则，并与其他同事协调合作，为了实现机构目标而共同努力。

（四）促进专业的健康发展

专业成立和发展的必要条件之一，是能获得社会大众的肯定，以树立专业权威。要获得这种肯定与认可，唯一的途径就是为服务对象提供其他专业或未受过任何其他专业训练者所提供的不同且有效的服务。一方面，督导制度可以帮助受督导者提升工作能力和服务质量；另一方面，督导可以使受督导者获得评价学习和自我探索的训练机会，使其尽快成为一个独立、成熟的专业工作者。

（五）保障实际工作的顺利进行

社会工作具有不同于其他专业工作的显著特点。首先，社会工作者的服务对象来自社会各个阶层，带来的问题各不相同，工作者的任务五花八门、复杂多变，决策特别需要“具体问题具体分析”。这就使得社会工作服务“在程序上没有金科玉律，行动上不能循规蹈矩，做法上也难以一成不变”①。其次，社会工作者面对的问题经常是带有感情色彩、需要感情投入的，工作人员经常容易把提供服务失败当作个人失败，从而面临很多焦虑、自责、沮丧及挫折。最后，社会工作还是一种依靠人际关系开展工作的专业，所有的社会工作者都不能保证在这种关系里完全客观。这些特点使得社会工作者，特别是刚刚开始工作的社会工作者特别需要通过督导获得指导、支持与鼓励；通过督导的帮助跳出那种人际关系的羁绊，尽力让自己客观地去和服务对象一起工作。

第三节　社会工作督导者的角色和任务

为了实现督导的目标和意义，督导者在督导过程中需要扮演各种角

① 阿尔弗雷多·卡杜山，哈克尼斯．社会工作督导［M］．郭名倞，等，译．北京：中国人民大学出版社，2008：30.

色、完成各种任务。过往研究表明，在先行国家和地区，督导者的角色和任务主要是相对于受督导者个体而言的。但考虑到中国社会工作发展的实际情况，以及督导者在现实中的具体表现、社会工作机构对督导的需求，本书不但论述了督导者相对于受督导者而言的角色和任务，也对督导者在机构层面的角色和任务进行了分析。

一、相对于受督导者的角色和任务

根据传统意义中督导的概念、功能及目标，综合考虑我国社会工作发展的实际情况，我们认为，相对于受督导者个体而言，督导者主要需要扮演以下几种角色，并完成每种角色应该完成的任务。

（一）教育者

督导首先是一个“由有经验的督导者对经验较少的受督导者进行教育和训练”的过程，是一个教育和被教育的过程。因此，教育者是督导者需要扮演的首要角色。作为一个教育者，督导者首先要拥有可以传递给受督导者的内容。这些内容不但包括社会工作领域所需要的学识、经验和高水平的职业能力，而且要有作为先行者的修养和胸怀。另外，督导者还应深谙教育学、心理学的科学规律。在上述两项前提条件的支持下，督导者作为教育者需要完成的任务主要有：

（1）建构和发展良好的督导关系，确保受督导者在督导过程中能够获得尊重和成长，能够不被伤害，能够获得应该获得的具体支持和帮助。

（2）帮助受督导者将理论化的专业价值理念与实务情境相结合，在具体的应用过程中帮助受督导者不断深化理解专业价值，促进其逐步内化，进而实现专业自我与真实自我的融合。

（3）循序渐进地帮助受督导者将已经学过的理论知识和技巧应用于实务过程中，不但能够帮助受督导者不断提升应用理论知识和技巧的熟练程度，而且能够激发他们的潜能，协助他们在实务过程中不断丰富和发展原有理论，生产新的本土化知识。

(4) 协助督导者不断提升对服务对象需求的敏感度，以及从需求评估、计划制订与实施到服务成效评估的各种实务能力，并不断强化受督导者的研究意识，逐渐实现研究和实务的相互促进。

(5) 协助受督导者不断提升应变能力和创新能力，使其能够在充满不确定性和模糊性的服务过程中不断创新，为服务对象提供高质量的专业服务。

(二) 支持者

督导的过程是一个教育的过程，也是一个陪伴和支持的过程。在督导过程中，督导者就像受督导者的“拐杖”和“雨伞”，在他们需要的时候，通过恰当的方式和途径为他们提供各种支持。具体而言，督导者需要为受督导者提供的支持包括工具性支持、情感性支持和发展性支持。

1. 工具性支持

工具性支持主要是指督导者通过合适的方式，协助受督导者解决他们在实施专业服务过程中遇到的各种随机性的技术问题，帮助他们能够顺利完成服务。这些技术问题大多是专业方法和技巧应用于本土情境中遇到的现实性问题。如果说督导作为教育者传递的专业价值、理论和方法具有某种系统性的话，支持者需要解决的问题则具有更强的随机性和本土性，需要督导者陪伴受督导者一起面对、一起探索独特的解决方法。在此过程中，从表面上看，好像督导者为受督导者提供的是纯粹的技术性、工具性支持。但这种支持也能为受督导者提供精神上的陪伴，并为他们坚持和创新服务提供必要的安全感。

2. 情感性支持

情感性支持是指督导者需要通过合适的方式，帮助受督导者不断强化专业认同和自我认同，保持对专业服务持续、稳定的热情、投入度、成就感和价值感，并进行情绪管理，保持适度的情感投入和积极的情绪状态。由于种种原因，受督导者在实务过程中经常会面临情绪情感方面的挑战。这种挑战首先来自服务过程中的焦虑和挫败感。随着社会的迅速发展，服务对象的问题和需求日趋复杂。而由于理论发展的滞后和种种限制，学校的专业训练并不能为这些问题和需求提供精准、现成的解决方案。在这种情况下，即使经验丰富的社会工作者也很难做到协助服务对象解决所有的问题，更何况很多实习学生和新入职的社会工作者本来就缺乏社会生活经验和实务经验。因此，在面对服务对象时，他们经常会信心不足、焦虑过度；在服务过程中，可能会因为服务对象的不认同或暂时的挫折而怀疑自己，如果发现自己无力为服务对象提供有效服务，则会有更强烈的挫败感和失落感，并进而怀疑自己的职业选择和专业能力。

在和服务对象互动的过程中遇到的各种情感困扰，也是受督导者需要面临的一种情感方面的挑战。社会工作服务本身就是一个“用心灵影响心灵、用生命影响生命”的过程。这就使得受督导者在和服务对象互动的具体过程中，经常需要处理各种情绪情感问题，比如个案服务对象的移情和自己的反移情、服务对象的处境对自己过往经历的唤醒等。面对这些问题，如果没有足够的自我警醒和自我调控能力，就会承受很大的情感压力，甚至会影响专业关系和服务质量。

受督导者情绪情感的压力还来自对情感投入程度的把控。一方面，社会工作服务需要受督导者投入情感；另一方面，社会工作服务也要求受督导者对自己的情感投入程度有清醒的认知和把控。投入过少，可能很难同理服务对象的感受；而投入过多，就可能会模糊和服务对象之间应有的边界，妨碍服务对象的自决和最终的服务质量。另外，长期持续的过度投入，再加上平时工作压力的积累，也经常会导致受督导者的情感耗竭和职业倦怠，进而影响个人的身心健康和服务质量。

在这种情况下，督导者必须能够对受督导者的情绪情感保持高度敏感，对他们工作过程中的压力、怀疑、痛苦和挣扎表达深度同理，并能够提供实际的情感支持，帮助他们正确看待自身能力和专业发展的限制，慢慢体会服务过程中的成就感和价值感，不断强化自我认同和专业认同。另外，督导者也需要帮助受督导者学会管理自己的情绪及时间、掌握各种调控情绪的办法，以保障各项服务任务的顺利完成和情绪情感的适度投入。

3. 发展性支持

发展性支持是指督导者除了需要促进受督导者的专业成长之外，还需要协助他们处理各种个人的发展性问题，促进他们个人自我的不断成长。社会工作服务本身具有很大的复杂性和挑战性，与此同时，新入职社工、实习学生或者志愿者等各种受督导者却带有强烈的迷茫感和困惑感。在刚入职的热情和激情被消耗殆尽的时候，受督导者可能很难找到继续坚持下去的支撑，也不知道自己适合在哪个领域工作，特别是在面对来自相关各方的怀疑和否定时，他们甚至会丧失坚持专业服务的耐心和勇气。因此，督导者需要帮助受督导者慢慢体会、寻找和发现自己的优势以及自己擅长的服务领域，并根据其自身、家庭的情况以及社会工作行业发展、社会发展的需要，协助受督导者制定合适的职业发展规划，帮助他们在为服务对象提供优质服务的同时实现良好的自我发展。

（三）协调者

专业服务的有效实施不但需要受督导者自己掌握专业的知识技能、保持稳定的情感状态，而且需要一个富含支持性要素的工作环境。作为协调者，督导者需要帮助受督导者协调各种关系，建构良好的工作环境。这些关系首先是指政府购买社会工作服务大背景下有关各方之间的关系，特别是服务购买方、服务使用方、服务对象和社会工作机构、受督导者之间的关系，保障受督导者的服务能够在以服务对象为中心的前提下，兼顾相关各方的需求，也能获得相关各方的理解和支持，形成彼此之间的良性互动。其次，督导者还需要协助受督导者正确处理社会工作服务机构内部的各种关系，解决机构要求与受督导者个人认识和行为之间的差距，保障受督导者的具体工作都能符合机构的期望和规定，同时又要保证比较高的工作效率。

（四）评估者

作为评估者，督导者的任务主要是带领受督导者对专业服务进行过程评估和成效评估，与受督导者一起反思和总结，保障服务能够遵循社会工作的专业价值理念，能够实现原定的计划目标，为服务对象带来应有改变。评估完成后，督导者还需要向相关各方提出反馈和建议。首先，对受督导者进行反馈，帮助他们看到自己的服务成效及不足，吸取过往服务的经验和教训，促使后续服务质量的提升。其次，督导者还需要向受督导者所在的机构及其他相关利益方反馈评估结果，提出切实可行的工作建议，为后续服务创设更好的支持性环境。

（五）倡导者

如果想让受督导者安心地做好本职工作，实现专业价值和使命，就必须为他们创造有利的环境条件，帮助他们解除具体生活和个人发展的后顾之忧。由于我国的社会工作发展刚刚起步，很多相关的社会政策都需要逐步完善，因此，督导者还需要扮演倡导者的角色，倡导各个层次环境条件的改善。首先，督导者需要向机构倡导各种管理制度的完善和改善，为受督导者创设更为健康、宽松的工作环境。其次，督导者也需要倡导有关宏观社会政策的改善，为受督导者争取更多的社会福利，更好地满足他们各方面的需求。

二、相对于机构的角色和任务

由于我国很多社会工作机构的发展历史都比较短，很多机构管理者自己也没有接受过专业训练，并且非常缺乏经营机构的实际经验，所以机构的整体发展也需要督导者的支持。因此，不管是否是机构内部的行政管理人员，督导者都需要承担一些促进机构发展的角色和任务。对机构而言，督导者的角色及任务主要有以下几种。

（一）机构发展的引领者

引领机构成员对机构发展的宗旨、愿景和具体计划不断进行反思和总结，不断根据新的社会需求调整发展方向和发展方式，尝试探索能够将自我发展和社会需求相结合的发展路径。另外，督导者也有义务为机构的专业服务开发以及机构发展的整体方向提供咨询和建议。

（二）机构人才队伍建设的规划者

在督导的过程中，督导者需要有意识地为机构培养管理者、项目主任、一线社会工作者等各个层级的专业人才。所以，督导者在督导过程中不但要针对受督导者个人提供增能和支持，还要着眼于机构发展的全局，对机构现有的人力资源提供针对性的支持和培养，帮助机构慢慢培养和形成合适的人才梯队。

（三）机构行政工作的协助者

督导者还需要配合机构的人事部门，对受督导者个人的职业表现进行评估和考核，对机构成员的招聘、选拔、培养、调岗、辞退等提出建议。另外，对于机构的其他行政工作，督导者也有义务提出自己在督导过程中发现的问题和建议，促进机构行政工作整体质量的提升。

（四）机构服务质量的保障者

作为具有较高理论和实务水平的先行者，督导者不但要帮助受督导者做好具体的专业服务，还要从整体上对机构的专业服务质量进行审核和把关，对服务过程中存在的问题及时提出整改建议，保障机构的整体服务具有相应的水准和质量。

另外，童敏在分析比较了中国本土社会工作专业实践的基本处境与发达国家和地区的不同之后，认为中国本土督导需要承担的角色和任务与西方督导也有很大不同①。

就服务机构而言，中国本土的督导者除了需要担任指导者的角色，协调机构的关系，为受督导者提供理论学习与专业实践相结合的机会以外，还需要担任专业服务设计者的角色，根据具体的工作情况设计社会工作专业服务计划，以保障服务的专业性和有效性。

对于服务对象而言，中国本土的督导者不但是一个评估者，负责评估服务对象的专业需要，还需要作为专业服务需要的转化者，帮助受督导者将服务对象的非专业服务需要转化成专业服务需要，从专业的视角理解、分析服务对象的要求。

对于社会工作者，也就是受督导者而言，督导者首先需要担任教育者的角色，帮助受督导者明确专业身份和专业自我。另外，督导者还需要担任日常专业服务的指导者，协助受督导者在日常生活场景中实施专业服务，根据实际生活处境确定服务介入的焦点、内容、方法和层次，并在此

---

① 童敏．中国本土社会工作专业实践的基本处境及其督导者的基本角色［J］．社会，2006（3）：194－204.

过程中给予受督导者情感支持。

对于服务状况而言，中国本土的督导者不但需要扮演协调者的角色，负责专业服务的跟进，还需要从长远着手维持和扩展机构服务，培训机构的志愿者和管理者，提高机构自身的管理水平和服务水平。

第四节　社会工作督导的类型和范围

根据不同标准，可以把社会工作督导分为不同类型。本节分析了社会工作督导的不同类型，并据此论述了社会工作督导的工作范围。

一、社会工作督导的类型

（一）根据督导关系划分[①]

根据督导者与受督导者的关系，社会工作督导可以分为以下四种类型。

1. 师徒式督导（Tutorial Supervision）

在这种关系中，督导者的角色是教导者或者师傅，受督导者则为学徒，接受督导者提供的教育训练。这种督导强调教育功能和学习过程，焦点集中于一般议题。从专业的角度看，受督导者自己承担更多责任。

2. 训练式督导（Training Supervision）

与师徒式督导相似，这种督导也强调受督导者的学生或受教育者的角色，而且强调教育功能和学习过程，焦点集中于一般议题。与师徒式督导不同的是，在具体实务服务中，督导者负责部分工作，而且督导者必须对其服务对象所作的决定负起部分责任，因此有明确的行政角色。

---

① Peter Hawkins，Robin Shohet. 助人专业督导［M］. 王文秀，李沁芬，谢淑敏，彭一芳，译. 台北：学富文化事业出版公司，2003：74－75.

黄协源. 社会工作管理［M］. 台北：扬智出版社，1999：395－396.

3. 管理式督导（Managerial Supervision）

督导者是受督导者的上级或主管，具有“上司与下属”的关系。而且，从专业角度看，督导者也必须承担更多的责任。但管理式督导强调的是实务工作的完成及其服务质量，焦点集中于特殊议题。而且，督导者和受督导者之间是从属关系，而非训练者与受训者的关系。

4. 咨询式督导（Consultancy Supervision）

督导者与受督导者及其工作没有直接关系和责任，是纯粹的咨询角色。同管理式督导较为一致，咨询式督导也强调实务工作的完成及其服务质量，焦点也集中在特殊议题上。但从专业的角度看，受督导者自己承担更多的责任。也就是说，受督导者根据实务工作的要求，主动寻求帮助和支持更为重要。

（二）根据督导组织划分①

根据督导的不同组织形式，社会工作督导可以分为以下 4 种类型。

1. 个别督导（Individual Supervision）

由一位督导者对一位受督导者，以面对面的方式，通过定期、定时（每周或每两周一次，每次半个或一个小时）的交流讨论进行的督导。这种督导讨论经常是对人际关系、工作、人格倾向或受督导者所提出的相关问题进行讨论，了解并讨论受督导者需要学习或改进的地方。

2. 团体督导（Group Supervision）

由一位督导者对数位（三至七人）受督导者，以小组讨论的方式，定期（每周、每两周或每个月一次，每次一个或两个小时）举行讨论会议所进行的督导。这种督导中的团体成员在价值观点、理论取向及行为方面较为相近，所讨论的问题经常是受督导者在实务过程中遇到的困难与障碍。

3. 同事督导（Peer－Group Supervision）

具有相同或相似的志向、需求、观点、价值理念、技术水平的一群社

① 该部分内容为笔者根据台湾东海大学曾华源教授未出版的书稿整理。

会工作者，通过个别互惠或团体讨论方式进行的互动过程。这种督导并无特定的督导者，经常由参与者间推选一位成员担任主席，往往是同事间的一种力量和相互支持。

4. 跨领域督导（Interdisciplinary Supervision）或团队督导（Team Supervision）

来自不同专业领域，但为同一服务对象提供服务的同一或不同团队的工作人员，共同讨论工作中的相关问题，相互支持与学习，以促进团队合作、提升服务水平的互动过程。在这种督导过程中，讨论事项由成员事先拟订，各成员皆可提出问题及意见。

（三）根据督导功能划分

依据督导的功能，社会工作督导可以分为下面三种类型：

（1）教育性督导。

（2）行政性督导。

（3）支持性督导。

相关内容详见本章第一节中的“社会工作督导的功能”。

（四）根据督导途径和手段划分

1. 面对面督导

面对面督导是指督导者和受督导者在同一个空间范围内，依靠面对面的口头语言和身体语言进行督导。在这种方式下，督导者和受督导者进行近距离的“亲密接触”，对对方的语言、情绪情感及其传递的信息能够迅速感知和反馈，所以交流较为充分，效率也比较高，适合解决难度比较大的问题。从另一方面来看，这种督导方式的限制就是成本较高，需要督导者和受督导者付出较多的时间，甚至是金钱。但社会工作服务的复杂性决定了很多督导中的问题必须在面对面的情况下才能得到充分表达和解决。所以，这是迄今为止最常用、最有效的督导模式。

2. 电话督导

电话督导是指督导者和受督导者通过电话对有关问题进行讨论，完成督导任务的督导方式。电话督导的优势是方便、快捷、时间成本低，限制是沟通过程中“信息失真”的风险比较大，而且督导者和受督导者不能充分感知对方真实的情绪、情感。所以，电话督导较为适合解决比较紧急、相对简单的问题。

3. 网络督导

网络督导是指运用电子邮件以及 QQ、Skype、微信等网络技术实施的督导方式。督导者和受督导者可以通过上述技术手段进行视频交流、语音交流和文字交流，不但在有网络信号的情况下替代了电话功能，而且使得工作效率大大提升。因此，网络督导的明显优势是方便、快捷、高效。但无论如何，借助这些技术手段进行的“隔空交流”还是不能像面对面督导那样有温度、有情感、充分且从容。而且，网络督导和电话督导一样，也存在“信息失真”的风险。

二、社会工作督导的范围①

社会工作督导的范围以专业知识与技术为主，同时考虑机构理念、功能、目标的实现及工作效率的提升。一般而言，社会工作督导的范围包括以下几方面。

（一）专业知识体系的实际应用

社会工作者的一切实务工作都要以相关的理论知识为基础。由于缺乏实际工作经验，在学校学习过的理论知识对于刚刚开始工作的受督导者而言就显得更加重要。督导工作的重要目标之一就是帮助受督导者将已有理论与实践相结合，能够艺术化地应用于实践工作中。在实现这一目标的过程中，督导者特别需要注意的是：

（1）受督导者是否遵守当前社会的理论。

（2）受督导者是否注意人类关系、人际关系及人与环境之间的关系。

（3）受督导者是否应用人类行为动力的关系（个人、团体与社区居民之间的行为动力关系）。

① 廖荣林，刘安屯．督导技术［M］．张老师出版社，1983：43.

(4) 受督导者是否运用不同的理论观点和方法广泛验证。

(5) 受督导者是否遵照机构功能和社区规范行事。

(6) 受督导者运用专业五大原则的程度。

(7) 其他有关专业助人工作技术运用的适切性。

(二) 专业服务综合程序的应用

虽然社会工作的工作方法多种多样，但基本工作程序是大体一致的。为了使受督导者养成有条不紊的专业工作习惯，并在每步工作中能够自我检视和自我负责，督导者需要通过各种方式引导和监督受督导者按照专业的工作程序进行工作。需要特别重视的专业工作程序有：

1. 认清所期待的内容

(1) 服务对象对机构的期待是什么？

(2) 社会工作者对服务对象的期待是什么？

(3) 服务对象对社会工作者的期待是什么？

了解和认清服务双方对各自的期待是一切工作的基础和前提，督导者必须保证受督导者确实完成了这一任务。

2. 接案与收集资料

这是社会工作者与服务对象初期接触的主要任务。通过最初的会谈，充分地收集各种资料，是受督导者在工作初期首先要完成的任务。督导者应该帮助受督导者把握资料过程中的重点和容易被忽略的方面。

3. 心理社会性诊断的确定

为满足服务对象的需要、审查服务对象的问题是否属于机构的服务范围，必须对服务对象进行心理社会性的诊断。督导者应特别注意帮助受督导者运用适当的诊断程序和方法，以避免诊断偏差的出现及其对服务效果的不良影响。

4. 专业关系的建立

从与服务对象的首次接触开始，受督导者就应致力于建立良好的工作关系。虽然建立关系的具体技巧因为服务对象的不同会各有不同，但基本的态度都是一致的。督导者应该注意引导和监督受督导者在此过程中严格秉持专业理念与态度。

5. 服务方针或治疗目标的确定

这是制订与实施工作计划的开始，督导者应特别注意帮助受督导者分清轻重次序，科学确定主要目标和次要目标。

6. 服务过程中的经常性评估

社会工作的工作过程是动态的，充满变化的。因此，在服务过程中，要经常对各方情况进行评估，随时修订具体的工作计划。督导者应确保受督导者对评估的重视，以及评估工作的科学进行。

7. 专业工作关系的终结与处理

由于双方都在服务过程中投入了感情，而且已经形成良好的工作关系，所以，在工作任务完成时，总有一些离情别绪，甚至有时会出现服务对象对社会工作者的依赖而不愿结束关系的情况。因此，督导者应帮助受督导者及早准备，使工作关系能在合适的情况及正向影响下结束，使服务对象能够实现由被助到自助的转变。

8. 随访工作

工作关系结束之后的定期访问或会谈。

（三）对机构理念的遵循，对社区及社会政策资源的运用及专业精神的表现

督导者需要随时督促受督导者在机构的理念指引下工作，以限定工作的范围与尺度。如果服务对象需要的服务已经超过机构的服务范围，则应在征得其同意的情况下为其提供适当的转介服务，而且确保转介工作遵守相关专业规定。与此同时，督导者应督促受督导者的工作遵照和运用当前的社会政策，以强化社会福利的功效。另外，督导者还须监督受督导者对专业伦理、专业精神的遵行。

本章小结

根据过往研究，以及先行国家和地区的实际经验，结合中国内地的本土实际，本章对督导的基本问题进行了介绍，内容主要涉及督导的概念、功能、目标、意义、角色、任务、类型和工作范围。上述内容是本书其他章节的基础和前提，相关问题也会在后续内容中进行深入讨论，所以建议读者将上述内容与后续的相关问题融会贯通，以获得更为全面、深入的理解和掌握。

第二章 社会工作督导的价值伦理与原则

社会工作督导的价值伦理是督导者与受督导者开展督导服务所需要遵循的价值观，它包括价值意义层面的抽象的核心价值观，也包括实际操作层面的具体的伦理守则。实际上，在社会工作督导过程中，无论督导者还是受督导者常常面临不同的伦理困境，而处理这些伦理困境的过程恰恰是帮助受督导者学会成长改变的过程。

第一节 社会工作督导的价值观

社会工作督导的价值观是社会工作开展的价值基础，也是社会工作督导的价值指引，它规定了社会工作督导的态度、目标、内容、过程以及督导者与受督导者之间专业关系维持的基本要求。由于社会工作督导被视为社会工作专业实践的一种延伸，因此它的核心价值观与社会工作的核心价值观是一致的，只是根据督导实践的具体要求重点有所不同，表现为尊重人的内在价值和尊严、追求社会正义、保持专业诚信和努力提高专业实践能力四个方面。

一、社会工作的核心价值观

社会工作督导的核心价值与社会工作的核心价值并没有什么本质上的

差别。作为社会工作督导，它的核心任务是保障社会工作的服务品质，虽然督导不是直接的社会工作服务，但是它本身就是由社会工作服务延伸出来的一种支持性和发展性的服务。显然，它所需要依据和遵循的核心价值也就是社会工作的核心价值。

由于社会工作是一门注重困难人群社会生活改变的学科，因此，对现实生活的关怀和人的成长改变的推动就成为这门学科不可或缺的核心内容。也就是说，对于社会工作者而言，面对服务对象时，首先需要回答的是保持什么样的现实关怀，这就是人们通常所说的价值观。说到底，价值观是人的一种基本信念，是人的主观认知判断，具有一定的持久性与稳定性，不会轻易受环境条件的影响而发生改变[①]。当然，价值观也不总是抽象的，实际上，人们在现实生活中的行动选择就需要依据价值观来作判断的依据，特别是当人们遇到进退两难的处境或者多种选择可能的时候，价值观的作用就更为明显，直接影响人们行动的结果[②]。不过，需要注意的是，不能把价值观简单理解成个人内部的信念系统，事实上，个人内心的信念也需要借助与周围他人的交流并且通过价值观的内化过程才能成为个人心理的一部分[③]。

正是价值观对于注重生活改变的学科来说有如此重要的作用，因此，社会工作从19世纪末20世纪初诞生之日起就注重专业价值观的秉持，它不是有关社会工作某一层面或者某一领域的界定，而是涉及整个社会工作本质的规定，决定社会工作的性质、目标和意义，甚至影响社会工作的方法和技巧，以及社会工作的专业关系等[④]。简单来说，社会工作价值观是指社会工作者所秉持的一套有关人、社会以及人与环境关系本质的，与社

① 谢秀芬．社会工作概论［M］．台北：双叶书廊有限公司，2015：68.

② 赵芳．社会工作伦理：理论与实务［M］．北京：社会科学文献出版社，2016：69－70.

③ 赵芳．社会工作伦理：理论与实务［M］．北京：社会科学文献出版社，2016：70.

④ 王思斌．社会工作概论［M］．北京：高等教育出版社，2014：41.

会工作使命与目标紧密联系的信念系统①。

就社会工作的专业价值观而言，它涉及社会工作者与服务对象、同事、机构、专业、社会等关系的处理原则，是对社会工作作为一种专业助人实践的价值规定，其核心是增进个人和社会的福祉。它既是社会工作专业实践的前提，也是社会工作专业实践的依据②。因此，在理解社会工作专业价值观的时候，不能把它简化为一套抽象的价值信念，只考察社会工作者，而需要在专业服务的关联中理解社会工作价值观的要求。这样，就需要把社会工作的价值观放在社会工作者与服务对象相互交流的专业服务过程中，这样的专业服务过程也同时涉及同事和机构的交流以及对专业和社会责任的理解。总之，社会工作的专业价值观涉及多个层面，是对社会工作专业实践整个过程的价值规定，它是社会工作者处理伦理两难抉择的依据③。

美国社会工作者协会（National Association of Social Worker，NASW）于1999年在总结之前的经验基础上提出当代社会工作价值的基本架构，并发展出六个社会工作专业的核心价值观与伦理原则，是目前最系统、最有广泛共识的社会工作的核心价值观。

（一）服务

社会工作者最基本的目标在于协助有需要的人们解决日常生活中的问题以及针对社会问题采取必要的行动。超越个人利益为他人提供服务是社会工作的核心价值。

（二）社会正义

社会工作者需要挑战社会的不公正，特别是协助或代表身处弱势的受压迫的个人或者群体寻求社会变革，并且确保服务对象能够获得必要的资讯、服务、资源、平等的机会和参与决策的权利。

---

① 赵芳．社会工作伦理：理论与实务［M］．北京：社会科学文献出版社，2016：71.

② 谢秀芬．社会工作概论［M］．台北：双叶书廊有限公司，2015：81.

③ 谢秀芬．社会工作概论［M］．台北：双叶书廊有限公司，2015：72.

（三）个人尊严与价值

社会工作者需要尊重个人的尊严和价值，认识到个别的差异以及文化和种族的多样性。

（四）人际关系的重要性

社会工作者需要认识到人际关系的重要性，了解人际关系是人们改变的原动力。

（五）诚实正直

社会工作者需要保持诚实正直，使自己值得信赖，而且能够负责任地一贯实践专业的使命、价值、伦理原则和伦理标准。

（六）能力

社会工作者需要在自己的专业实践范围内不断提升自己的专业知识和技能[①]。

根据社会工作专业价值观的国际普遍原则，结合中国社会和文化的实际情况，中国本土的社会工作专业价值观应该包括敬业、接纳、自决、个别化和尊重[②]。

二、社会工作督导的核心价值观

对于社会工作督导，它的价值观也基本沿袭了社会工作的价值观，因为通常人们把社会工作督导也视为一种社会工作实践，只是这种实践不是一种直接服务。正是基于这样的理解，社会工作督导的价值观是在社会工作的价值观基础上作了一些调整，以适合社会工作督导的实践要求，但它总体的核心与社会工作价值观保持一致。不过不同的国家在界定社会工作督导的核心价值观时有不同的理解和规定，例如，加拿大的社会工作督导的核心价值观就是依据加拿大社会工作者协会制定的社会工作伦理准则，要求社会工作依据这样的伦理准则开展社会工作的督导。

---

① 谢秀芬．社会工作概论［M］．台北：双叶书廊有限公司，2015：71.

② 王思斌．社会工作概论［M］．北京：高等教育出版社，2014：52.

（一）加拿大社会工作督导的核心价值观[①]

（1）尊重人的内在尊严和价值。

（2）追求社会正义。

（3）服务于人类。

（4）保持专业实践中的诚信。

（5）坚持专业实践的保密性。

（6）不断提高专业实践能力。

（二）澳大利亚社会工作督导的核心价值观[②]

澳大利亚社会工作督导的核心价值观就与加拿大的不同，它依据的是澳大利亚社会工作者协会制定的社会工作伦理价值，强调这是整个社会工作专业督导过程的基础，核心体现为社会工作的三个核心价值观，也是社会工作督导的三个核心价值观。

1. 尊重个人

这个核心价值观体现了督导关系的本质，强调在对待社会工作者以及处理工作关系的督导过程中，需要督导者尝试努力去理解不同人的不同观点。

2. 社会正义

这个核心价值观作为社会工作的核心义务，规定了开展督导的主题、内容、过程和目标，需要督导者特别关注那些容易受伤害、社会处境不利的困难群体。

3. 专业诚信

保持诚实、透明、可靠、同理的专业关系以及自我反思意识、辨别能力和服务的承诺，是督导关系和督导过程得以维持的关键。

可以发现，社会工作督导的核心价值观被视为社会工作核心价值观的一部分，是社会工作者在督导领域开展专业服务需要遵守的核心原则，也是社会工作者对专业实践质量保持承诺的一部分。

---

① 加拿大社会工作联合会，2011 年版，社会工作实务督导标准的论述.

② 澳大利亚社会工作者协会，2014 年版，社会工作者督导标准的论述.

不过，需要注意的是，尽管社会工作督导的核心价值观与社会工作的核心价值观是一致的，但是两者毕竟在实践的方式、过程和要求等方面有所区别。就社会工作督导关系而言，它涉及的是督导者与受督导者的关系，并不是社会工作者与服务对象的互动，虽然督导者常常是有着丰富实践经验的社会工作者，但是毕竟督导者与受督导者的关系并不直接涉及服务对象，而且受督导者的要求也常常与服务对象不同，服务对象希望通过社会工作者帮助解决日常生活中的实际问题，受督导者则希望通过有经验的督导者的指导实现自身的专业成长，当然包括提升帮助服务对象解决实际问题的能力。就社会工作督导场域来说，督导过程常常安排在机构内，是督导者或者受督导者的工作场所，也是服务机构自身的一种制度要求，属于服务机构内部的事务。这与一般的社会工作专业实践不同，针对的服务对象、服务的场所也常常安排在服务对象所熟悉的生活区域内，它属于服务机构向外提供的一种专业服务。当然，就社会工作督导内容而言，它不仅涉及专业服务的技术指导（通常称为社会工作督导的教育功能），还需要负责行政任务的分工和情感支持（前者是社会工作督导的行政功能，后者是社会工作的支持功能）。可见，社会工作督导的内容远远超过直接的社会工作服务。正是依据这样的现实，社会工作督导的核心价值观也需要与一般的社会工作核心价值观有所区别。

（三）社会工作督导的核心价值

由于社会工作督导的目标是保障社会工作服务的品质，提升社会工作者的专业能力。因此，可以把社会工作督导作为社会工作专业实践的延伸，它需要遵守社会工作核心价值中的 4 项原则，也就是说这 4 项原则也是社会工作督导的核心价值。

1. 尊重人的内在价值和尊严

督导者不仅需要尊重受督导者个人的价值和尊严，而且还需要尊重与此相关的服务对象个人的价值和尊严，以及与受督导者一起工作的其他同事的个人价值和尊严，相信每个人都有自己的价值和尊严。当然，对于督导者来说，更为关注的是受督导者的个人价值和尊严。这意味着，督导者不能把自己视为社会工作专业服务的专家，把受督导者作为需要指导和培训的没有经验的社会工作者，而需要关注受督导者自身的经验和能力，并且协助受督导者找到挖掘自身能力的有效途径。而且在整个与受督导者交流的过程中，督导者始终需要保持开放的态度，除了需要接纳受督导者与自己的不同之外，还需要对自己保持敏锐的反思态度，了解自己需要调整和改变的方面。实际上，尊重人的内在价值和尊严不仅仅是对待外部的态度，同时也是对待自己的态度。这一核心价值观规定了社会工作督导的基本立场和态度。

2. 追求社会正义

作为督导，也像社会工作专业实践一样，常常涉及社会的改变，不仅仅是个人问题的解决。因此，督导者就需要在督导的专业实践中关注社会改变的要求，特别对于那些身处社会弱势的人群，了解他们的社会改变要求，并且协助他们寻找公平社会的方法和路径，这是督导者不可推卸的责任。在实际的督导过程中，督导者与受督导者的地位就存在不公平，督导者往往拥有较多的资源和较大的影响力，这就需要督导者在与受督导者的交流中随时反思自己的状况，警觉督导中的权力关系，避免把自己的意愿和想法强加给受督导者，阻碍受督导者的成长改变。显然，追求社会正义这项社会工作督导的核心价值要求督导者学会从一种权力关系来理解督导者与受督导者之间的督导过程，随时反思自己的权力运用状况，而不能仅仅把督导作为一种专业技术的指导。可见，这一核心价值明确了社会工作督导的目标、主题和基本内容。

3. 保持专业诚信

保持专业诚信是建立和维持社会工作督导关系的关键。这种专业诚信不仅能够让受督导者了解督导者做什么、怎样做，而且也为受督导者在督导过程中表达自己的意见、想法和感受提供了机会。不过，值得注意的是，这里所说的专业诚信不是指督导者承诺什么就做到什么，而是指督导者能够承担而且勇于承担自己的责任，不仅要求督导者能够同理受督导者的感受和想法，而且还要求督导者对督导的整个过程保持透明，使受督导者避免因信息不对称而陷于弱势，否则，督导过程就容易成为督导者操纵的对象。当然，这样的专业诚信要求督导者具备自我反思的能力，直接面对自己的担心、害怕和不安，学会不逃避问题，承担起服务承诺的责任。显然，只有秉持这一社会工作督导的核心价值，才能保证社会工作督导关系的平稳展开。

4. 努力提高专业实践能力

社会工作督导也与一般的社会工作实践一样，有自己的专业实践能力的要求，它需要督导者和受督导者在督导的实践中不断积累实践的经验。追求专业实践能力的提升既是督导者和受督导者的专业服务的要求，同时也是督导者和受督导者的价值理念的要求。这意味着，无论督导者还是受督导者，都需要具备一种不断自我反思和自我批判的精神，在督导实践中不断总结自己的实践经验，从中寻找自己需要改善的方面，成为社会工作督导实践中的学习者。显然，坚持这一社会工作督导的核心价值是保障督导者和受督导者不断完善自己的前提。

需要注意的是，这 4 项社会工作督导的核心价值是相互关联的，尊重人的内在价值和尊严是督导的基础，规定了督导者与受督导者的基本态度和位置；追求社会正义是督导的核心内涵，明确了督导的基本内容、主题和目标；保持专业诚信是督导中专业关系建立和维持的要求，保障督导能够顺利地推进和展开；努力提高专业实践能力是督导者与受督导者对自身的要求，它是督导工作不断完善和推进的动力所在。

第二节 社会工作督导的伦理守则

社会工作督导的伦理守则是督导者与受督导者需要共同遵守的伦理要求，它关乎受督导者的成长和发展、服务对象权益的保护、受督导者工作表现的监管以及受督导者的赋权等。它的主要内容包括伦理议题的明确、伦理决定的尝试、专业界限的保持以及督导责任的承担等。它需要社会工作督导的伦理准则作为支撑，涉及协助受督导者正确处理与服务对象、同事、机构、专业及社会 5 个方面的关系。

一、社会工作督导伦理守则的目的与功能

伦理守则是微观层面上社会工作价值观的体现，是专业实践中各个层面上的价值理念的具体应用，表现为社会工作的各种原则和技术要求。因此，伦理守则更多地体现为价值、知识和技术的统一。社会工作的专业实践就是通过这种价值、知识和技术三者结合的方式来实现的，价值是社会工作专业实践的指导，知识是社会工作专业实践的基础，而技术则是社会工作专业实践的手段，三者相互融合，一起构成社会工作专业实践的伦理守则，彼此之间的界限很难区分①。社会工作督导的伦理守则也一样，也是社会工作督导的价值、知识和技术的相互结合。

尽管不同的国家针对社会工作督导有不同的伦理守则的要求，但就社会工作伦理守则的目的与功能而言，认识是非常一致的，主要涉及 4 个方面。

（一）促进受督导者的成长和发展

也就说，之所以制定社会工作督导守则，是为了保障受督导者个人的成长，包括受督导者个人专业的发展、情感管理能力的提升以及支持关系的改善等。这与一般的社会工作专业实践存在显著的差别，它的关注焦点是那些受督导者，是服务的提供者，不是服务对象。

（二）保护服务对象的权益

尽管社会工作督导是督导者与受督导者之间的互动交流，但实际上，这样的互动交流也影响服务对象，与服务对象的权益相关。这意味着，社会工作督导的根本目的是为了保障服务对象的权益不受损害，不能只管受督导者的发展需要而不顾服务对象的诉求。

（三）监管受督导者的工作表现

由于社会工作服务是一项帮助人的工作，不仅问题的场景千变万化，而且服务对象的要求也纷杂多样。作为社会工作督导就有一项责任要求，

---

① 王思斌．社会工作概论［M］．北京：高等教育出版社，2014：54.

管理受督导者的服务完成情况和工作表现，做好社会工作专业的看门人，保证社会工作专业服务的品质。因此，督导者通常是由一些在社会工作领域工作多年，经验丰富，而且对社会工作价值观认同的社会工作者来担任的，他们的督导工作直接关乎社会工作专业服务品质的保障。

（四）给受督导者赋权

通过督导，不仅让受督导者能够获得专业的成长和发展，而且能够让受督导者增强个人的能力感，帮助受督导者作为一名独立的社会工作专业人员开展专业的社会工作服务，提升受督导者的自我反思能力和专业的警觉，实现自我督导[①]。

总之，社会工作督导是一个过程，不仅涉及督导者与受督导者之间的互动，同时也涉及社会工作专业服务品质的保障，主要实现 4 个方面的社会工作伦理守则的目的与功能，即促进受督导者的成长和发展、保护服务对象的权益、管理受督导者的工作表现以及给受督导者赋权。

二、社会工作督导伦理守则的主要内容

社会工作督导伦理守则的基本内容是围绕社会工作督导希望实现的 4 个主要目标与功能来制定的，主要涉及伦理议题的明确、伦理决定的尝试、专业界限的保持以及督导责任的承担等不同的方面。

（一）伦理议题的明确

在社会工作督导过程中，无论督导者还是受督导者都可能遭遇伦理的难题，面临伦理选择的困难。为了了解这些伦理选择的困难，督导者与受督导者就需要首先对社会工作伦理准则有全面的认识，避免相互误解。如果受督导者不理解面临的伦理困境，这个时候督导者就有责任帮助受督导者理清面临的理论难题，并与受督导者一起面对这种伦理选择的困境。当然，督导者需要清晰了解社会工作专业伦理与核心价值观以及个人道德信

---

① López, S. A. (2015). Paving the Way to Best Practices in Clinical Supervision. NASW Teaxs Annual Conference "Social Work Paves the Way for Change".

仰之间的区别，既需要避免把受督导者的工作表现“上纲上线”，也需要避免只关注受督导者的专业发展而无视专业伦理敏感性的培养。值得注意的是，受督导者的专业伦理敏感性正是在伦理困境的理解、分析和选择中才能逐渐提升的。督导者也需要通过伦理议题的讨论和明确帮助受督导者学会从伦理价值的角度理解社会工作的专业实践，提升其专业伦理的敏感性。

（二）伦理决定的尝试

督导伦理绝不仅仅是一种观念，而是人们在伦理困境中学会应对的方式，需要人们在特定的伦理困境面前学会伦理的选择。因此，在社会工作督导过程中，督导者就有了需要帮助受督导者作出伦理决定的责任。督导者除了需要在伦理困境中与受督导者一起讨论伦理的困境、探究伦理困境形成的原因、体验伦理困境中的各种不同感受之外，还需要与受督导者一起商讨应对伦理困境的方法和行动策略，分析伦理决定之后可能带来的结果以及需要付出的代价，从而更为准确地把握伦理选择。督导者需要注意的是，在帮助受督导者作出伦理决定时，不能仅仅关注自身拥有的价值观和伦理原则，还需要注重这样的伦理决定带来的结果，分析这样的结果是否有利于社会的公平正义。如果这样的伦理决定无法促进社会的公平正义，无论督导者还是受督导者都需要反思这样伦理决定的依据。因此，督导者需要随时关注受督导者的伦理决定，尤其当受督导者作出错误的伦理决定时，督导者有责任帮助受督导者消除可能带来的危害，并且学会在之后的伦理困境中避免同样伦理决定错误的发生。

（三）专业界限的保持

实际上，在督导过程中，督导关系通常被作为受督导者学习与服务对象处理专业界限的有效方式，因为无论督导者还是受督导者在督导过程中都能够感受到相互之间的影响，这种影响需要保持在一定的专业关系的界限内，就像受督导者与服务对象之间专业关系保持一样。这样，督导关系专业界限的保持就成为督导者指导受督导者的重要内容之一，也是社会工作督导伦理守则的重要内容，包括合理专业界限的识别与维护以及不合理专业界限关系的调整等。特别是，在督导过程中，督导者需要避免与受督导者建立恋爱关系或者其他私人关系，因为这样的私人关系会导致专业界限的混乱，破坏督导者与受督导者之间的专业关系。一旦督导者在督导过程中认识到与受督导者的交往存在一个潜在的专业界限，就需要让受督导者知道，并且让受督导者了解这样的专业界限如何影响督导的过程，包括督导过程中的冲突。如果督导过程中督导者需要与受督导者分享个人的经验和信息，就需要做到有限度的自我披露，而不能过分渲染自己的经验和信息，避免使自己成为督导过程中的焦点，让受督导者听从督导者的安排和要求，从而忽视受督导者自身的感受和想法。需要注意的是，督导者与受督导者是一种专业的工作关系，督导者不能将自己的家庭成员、亲近的朋友、同龄伙伴或者有着治疗关系的他人作为受督导者。

（四）督导责任的承担

一旦双方建立了督导关系，督导者就需要对受督导者的专业服务品质的好坏负责。如果督导者因为给予受督导者不适当的建议而导致服务对象受到伤害，这个时候督导者就对结果负有直接的责任。如果督导者因为给受督导者派遣不合适的任务而导致不良的后果时，督导者也需要对服务的结果承担直接责任。一般而言，督导者在督导过程中需要进行风险管理，包括：

（1）保证受督导者为服务对象提供的服务达到或者超过服务的标准。

（2）保持督导过程的文件记录。

（3）监管受督导者的专业社会工作活动。

（4）及时识别可能危及服务对象健康或者权益的行为，并且迅速作出合理的补救措施。

（5）识别可能妨碍受督导者拥有合理技术、敏锐判断力和安全工作能力的影响因素，并且向有关人员或者机构反映。

在督导者同时面对多个受督导者进行社会工作督导时，督导者就有一项责任需要承担，即把每个受督导者都视为独立的个体，满足他们各自不同的成长发展的要求，但同时需要保持公平的态度，平等对待每一位受督导者。

此外，在社会工作督导过程中，培养受督导者的安全意识也是非常重要的，因为在像社会工作这样的情感服务中，受督导者可能会遭遇来自服务对象或者周围他人的一些误解、威胁甚至骚扰。针对这些不合理的待遇作出有效的回应，是督导者在督导过程中需要重点指导受督导者学习的，包括安全的防范意识、应对措施以及紧急预案的制定等，帮助受督导者在危险的处境中能够有效应对面临的挑战。为了帮助督导者与受督导者明确各自在社会工作督导过程中的责任和权限，在开展督导服务之前制定督导工作的合约是一项有效的措施，它能够敦促督导者与受督导者按照督导工作的要求开展具体的督导服务，保障各自的权益。

三、社会工作督导伦理守则的基本准则

显然，社会工作督导伦理守则既涉及督导者的伦理责任，同时也涉及受督导者的伦理责任，能够保障整个社会工作督导过程以及向受督导者提供的服务符合社会工作的伦理价值标准，并且引导受督导者做出正确有效的伦理决定。这样的伦理守则有着一定的伦理准则作为支持，它是督导者与受督导者建立督导关系、开展督导过程中应遵循的伦理价值原则，目的是协助受督导者正确处理与服务对象、同事、机构、专业及社会的关系，促进受督导者提供优质服务。它主要包括5个方面。

（一）保护服务对象的合法权益

在社会工作的督导过程中，以尊重个人的价值和尊严为基础，协助受督导者平等对待和接纳服务对象，维护服务对象的知情权、隐私权和自我决定权，避免以社会工作者为中心而忽视服务对象的改变要求。

（二）建立平等互信的工作关系

督导者需要借助与受督导者建立相互尊重的工作关系，增进受督导者的自我反思能力，协助受督导者以建设性的方式处理服务过程中的冲突，包括与同事相互合作过程中产生的矛盾。在此过程中，督导者不得利用与受督导者的工作关系，为自身牟取私人利益或者其他不当利益。

（三）践行社会工作的专业使命

督导过程中，督导者需要倡导安全而且负责任的专业服务，协助受督

导者维护服务机构的专业形象和声誉，并且与受督导者一起推动服务机构遵循社会工作专业使命和价值观。

（四）秉持社会工作的专业诚信

督导者在提供社会工作督导服务时，应坚持诚实、守信、同理、尽责的原则，保持持续学习的态度，不断充实自己的专业知识和能力，注意借鉴国际社会工作发展的优秀成果的同时，关注中国社会工作经验的总结，提升自身的社会工作专业服务能力。

（五）增进社会公平和社会福祉

督导者在督导服务中应保持警觉的自我意识，避免滥用督导的权力，鼓励、引导受督导者参与督导服务，在关注个人成长改变的同时，注意社会环境的改善，增进社会福祉[①]。

当然，在实际的社会工作督导服务中，这5个方面的社会工作督导伦理的基本准则是相互关联的，无法相互分割开来。这里只是为了介绍方便，才将这5个方面分开来介绍。实际上，任何社会工作督导服务都会涉及这5个方面的要求，它们一起才能组成完整的社会工作督导伦理准则。

第三节　社会工作督导伦理困境的处理

社会工作督导中常见的伦理困境包括知情权的困境、自决权的困境、隐私权的困境等，针对这些督导伦理困境，督导者与受督导者在督导过程中需要遵循自主、不损害、友善、公正、尽责和诚实等6项核心处理原则，采取分步的伦理选择模式。

一、社会工作督导中常见的伦理困境

在社会工作督导的服务过程中，常常会遭遇一些伦理的困境，特别是

① 民政部，《社会工作者职业道德指引》，2013年1月8日.

随着社会工作服务场景的变化以及社会工作所需要处理的问题变得越来越复杂，服务中的伦理困境问题也变得越来越突出。这种社会工作服务中的伦理困境有两种常见的形式：一种是伦理两难，即在遵守一种伦理准则时会破坏另一伦理准则，使伦理选择出现困难。例如，一个婚外怀孕的少女寻求社会工作者的帮助，但又不希望她的父母知道这件事情。此时，社会工作者就处于伦理两难的处境，如果替服务对象保密，就损害了服务对象家人的利益。如果告诉服务对象的父母，又会破坏社会工作的保密原则，损坏服务对象的权益。另一种是伦理难题，即在社会工作服务中可能出现违反道德标准的行为，或者不法的行为。例如，一位服务对象向社会工作者透露要对妻子实施暴力。此时，如果社会工作者提醒他的妻子，就违反了社会工作的保密原则。但是，如果因为没有告诉服务对象的妻子而导致她受到伤害，社会工作者就成了导致服务对象妻子受伤的同谋[①]。显然，在督导服务中，如果遇到了这样的案例，无论受督导者还是督导者，都会陷入督导的伦理困境中。

（一）社会工作督导的伦理困境

尽管针对社会工作督导伦理困境的分析有多种不同的角度，但是就督导过程中需要应对的伦理困境所涉及的伦理价值而言，常常涉及以下 3 种：

1. 知情权的困境

即社会工作督导的伦理决定将影响服务对象的知情权。如果让服务对象知道相关的信息，就会给服务对象造成不良的影响；如果不告诉服务对象，又会破坏服务对象的知情权。例如，对于诊断出患有精神分裂症的服务对象，是直接告知服务对象真实的情况，还是通过间接的方式传递这样的信息。显然，若直接告知服务对象，只会给服务对象造成新的压力，妨碍服务对象的康复。因此，督导者如果遇到这样的案例，就需要详细了解事件发生过程，根据事情发生的场景给出具体的建议，要避免就一般的原则给予直接的指导和建议。

---

① Reamer，F. G. Ethical Dilemmas in Social Service. （2nded）. Columbia University Press，1995：98.

2. 自决权的困境

即社会工作督导的伦理决定将关乎服务对象的自决权。如果直接给服务对象充分的选择空间，会带来非常高的风险，甚至出现伤害自己或者周围他人的现象；如果限制服务对象的选择空间，又会违反社会工作所要求的尊重服务对象自决权的伦理价值原则。例如，针对病情稳定刚刚出院的精神障碍患者，虽然他们的病症已经得到药物的控制，但是生活功能和社会功能还需要康复。如果此时让服务对象自己决定生活的安排，通常他们喜欢待在家里，不愿意走出家门，而一旦让服务对象待在家里不与社会接触，他们的病症就可能再次暴发。因此，社会工作者就需要选择适当的时机鼓励患者走出家门参加社区组织的活动，帮助他们逐渐恢复失去的社会功能。显然，这个时候社会工作者既不能太过被动，由服务对象自决，也不能太过主动，强迫服务对象参与社区活动，给服务对象造成新的生活改变的压力。

3. 隐私权的困境

即社会工作督导的伦理决定将损害服务对象或者重要他人的隐私权。如果根据服务对象的要求尊重服务对象的隐私权，就可能损坏周围他人的权益；如果告诉周围他人相关信息，又会损害服务对象的权益，违反尊重服务对象隐私权的社会工作伦理价值的要求。例如，对于寻找工作的已经康复的精神障碍患者，社会工作者是否需要告知雇佣单位就成为伦理困境。如果告知用人单位患者的真实情况，用人单位就有可能不聘用患者；如果不告知，就存在欺骗的行为，损害了用人单位的权益。面对这种伦理困境，社会工作者就不能简单地处理，只思考告诉还是不告诉，而需要分析患者目前的情况，跟进患者的职业康复，在保障用人单位权益的情况下，给患者必要的支持。

显然，社会工作督导伦理困境的处理是很难一概而论的，与具体的服务场景和具体的服务要求相关联，督导者在社会工作督导过程中需要详细了解伦理困境产生的具体场景和具体的服务要求，从具体的场景和服务要求出发，帮助受督导者培养在实际场景中解决伦理困境的能力。

（二）处理社会工作督导伦理困境的主要事项

在伦理决定的执行过程中同时也需要做好以下 4 个方面的工作：

1. 防止“道德绑架”

尽管伦理价值是一种“道德”方面的要求，但是督导者不能把它简化为一般道德的要求，敦促受督导者在伦理困境中简单执行伦理准则，或者给服务对象的行为作出“道德”的判断，避免出现“道德绑架”的现象。

2. 防止“操控伦理”

在社会工作督导过程中，督导者还需要避免有意识地“操控伦理”，让受督导者处理伦理困境中，迫使受督导者作出伦理决定，朝着督导者希望的方向采取行动。显然，这样做损害了受督导者个人的价值和尊严，违反了社会工作督导的核心价值。

3. 警觉权力关系

尽管督导者有意识地鼓励受督导者参与整个督导的过程，并且使督导者在过程中保持开放、透明，但是实际上督导者与受督导者无论在经验上还是社会地位上都存在着差别。因此，保持权力关系的警觉对于督导者来说是非常重要的，它随时提醒督导者在督导过程中的权力使用情况，避免强迫受督导者接受自己的意见和看法。

4. 建立对话和反馈机制

就机制的建设而言，在督导过程中加强对话和反馈机制的建设是非常必要的，它可以促进督导者与受督导者之间的对话交流，让受督导者有充分的空间表达自己的意见和想法，并且能够根据督导的反馈机制及时作出调整①。

二、社会工作督导中伦理困境处理的原则

尽管社会工作督导伦理困境的处理无法抽象地一概而言，但是也有

---

① Kadushin，A. & Harkness，D. Supervision in Social Work. Columbia University Press，2002：469－473.

一些核心原则，这些原则保证督导者与受督导者在社会工作督导过程中能够找到正确的应对伦理困境的策略和方式。具体而言，它涉及6项核心原则。

（一）自主（Autonomy）

它是指社会工作督导伦理困境的处理能够带动个人的自决，尊重个人在伦理困境应对中的选择权利。如果在督导过程中存在文化差异，督导者与受督导者还需要思考这样的文化差异是否影响个人自决能力的提升，是否能够促进个人的成长和发展，而不仅仅是为了克服面临的伦理困境。

（二）不损害（Nonmaleficence）

这一核心原则要求督导者在社会工作督导过程中不能给任何相关的人带来损害，妨碍个人权益的获得，包括因缺乏文化敏感性或者因不适当的干预方式而造成的伤害，都是需要督导者尽力避免的。因此，督导者在实际的督导过程中需要考虑不同人的不同观察视角，分析有可能带来的风险，及时做好风险规避的工作。

（三）友善（Beneficence）

它是指督导者在社会工作督导伦理困境的处境中能够反思自己的专业价值观，坚持不评价、不批判和尊重差异性的立场，并且能够从更为广泛的公共利益或者更为广泛的视角来看待督导伦理困境中面临的问题。为此，督导者需要在督导过程中及时了解受督导者和服务对象在不同处境下对好的理解，准确把握受督导者和服务对象的内心感受。

（四）公正（Justice）

公正这一核心原则要求督导者在整个督导过程中对所有相关的人保持一视同仁的态度，不能有所偏爱。这也意味着，督导者需要在现有的各方权利和资源条件下争取最大的公平，不能抽象地追求公正公平，而是需要平衡好受督导者与服务对象之间的利益冲突。

（五）尽责（Fidelity）

它是指在社会工作督导过程中，督导者无论遭遇什么伦理困境都需要诚实地作出承诺，并且保持承诺的落实。如果受督导者或者督导者服务的机构无法对此作出承诺，督导者就需要思考采取什么方式应对这样的处境，而且需要清晰地了解保密的限度，避免给受督导者或者服务机构带来不好的影响。

（六）诚实（Veracity）

它是指督导者在社会工作督导的伦理困境处理过程中需要保持清晰的认识，了解督导所能达到的程度以及现实困难所在，包括是否确保受督导者和服务对象了解行动的影响、是否知道干预措施可能产生的结果以及有关干预能力局限的描述是否清晰等，帮助督导者和服务对象作出准确的判断和采取有效的行动措施①。

当然，在实际的社会工作督导过程中伦理困境的处理远非坚持伦理困境处理原则那么简单，这六项核心原则只是为督导者和受督导者处理督导过程中的伦理困境提供了一般的指导，而实际的伦理困境的处理则需要遵循具体的督导伦理困境的抉择步骤。

三、社会工作督导中伦理困境处理的步骤

不同的学者针对社会工作督导伦理困境的处理提供了不同的操作框架，尽管他们有的强调理性地作出伦理选择，有的注重伦理选择相关方的共同参与，有的则关注伦理选择的管理和结果反馈，但是他们都倡导伦理困境的分步选择模式。为了更好地了解督导伦理困境处理的具体方式，下面对道格夫（R. Dolgoff）等人提出的伦理困境处理的 11 步选择模式进行介绍。

步骤一：确定伦理困境的问题及其影响因素。

步骤二：确定涉及此伦理困境问题的所有相关人员和服务机构，包括督导者、受督导者、服务对象、支持系统、其他专业人员以及其他相关人

---

① Beddoe, L. & Davys, A. Challenges in Professional Supervision: Current Themes and Models for Practice. New York: Free Press, 2016: 58.

员等。

步骤三：确定谁应该参与伦理困境的决策。

步骤四：确定不同的参与者对于这个伦理困境的问题所持的不同价值观，包括个人的价值观以及相关的专业价值观和社会的价值观。

步骤五：确定目标，并且确认这些目标可以解决（或者至少缓解）目前伦理困境所产生的问题。

步骤六：确定替代干预的策略和目标。

步骤七：评估每个备选方案的有效性和效率。

步骤八：选择最为合适的干预策略。

步骤九：执行所选择的干预策略。

步骤十：对执行过程进行管理，特别留意未曾预料到的结果。

步骤十一：评估干预的结果，并且确定计划之外出现的问题。

当然，这 11 步伦理困境处理的操作步骤是根据一般的情况制定的，它不是固定不变的。在实际的社会工作督导过程中，督导者需要根据督导伦理困境处理的要求作适当的调整，以便能够针对督导伦理困境中的问题作出有效的回应①。

本章小结

本章通过对社会工作督导的核心价值观、伦理守则以及伦理困境处理原则的介绍，分别阐述了作为社会工作督导核心价值观的尊重人的内在价值和尊严、追求社会正义、保持专业诚信和努力提高专业实践能力等 4 个方面，并且对社会工作督导伦理守则进行了深入探讨，它关乎受督导者的成长和发展、服务对象权益的保护、受督导者工作表现的监管以及受督导者的赋权等，包括伦理议题的明确、伦理决定的尝试、专业界限的保持以及督导责任的承担等 4 个方面的主要内容，涉及协助受督导者正确处理与

① 谢秀芬．社会工作概论［M］．台北：双叶书廊有限公司，2015：81.

服务对象、同事、机构、专业及社会5个方面的关系。伦理困境是社会工作督导中常见的现象，包括知情权的困境、自决权的困境和隐私权的困境等。针对这些伦理困境，无论督导者还是受督导者，都需要在督导过程中遵循自主、不损害、友善、公正、尽责和诚实等处理原则，采取分步的伦理选择模式。

第三章　社会工作督导的互动模式

为了在督导中产生有目的且高品质的反思与学习，保障督导成效与服务品质，督导者需要有意识、有目的、有系统、有结构、有策略地掌握和运用督导价值和模式等。督导者根据情境脉络、系统互动以及督导历程的发展，灵活地选择与使用督导的模式（和技巧）。在互动模式（Interactional supervision）中以 Shulman（Lurie，1983①；Shulman，1993②、2000③）的理论模型最为典型，它着重描述了在不同的督导发展阶段以及督导情境系统脉络之下，督导者可以发挥的督导技巧，以此来促进受督导者发展实务能力，并运用"系统论"的思考而采取行动④。现在，互动模式被广泛应用于社会工作实务中，它聚焦于督导者帮助受督导者在管理与实务相关的关键的互动情境中发展实务能力。研究表明，互动模式是一个十分有效且具发展空间的督导模式（Tebes et al，2011⑤）。本章将重点介绍该模型的理

---

① Lurie A. Skills of Supervision and Staff Management by Lawrence Shulman [J]. Journal of Social Work Education, 1983, 19 (3): 93-94.

② Shulman L. Interactional supervision (2rd) [M]. NASW Press, 1993.

③ Shulman L. Interactional supervision (3rd) [M]. NASW Press, 2010.

④ David Lawlor. A Transformation Programme for Children's Social Care Managers Using an Interactional and Reflective Supervision Model to Develop Supervision Skills [J]. Journal of Social Work Practice, 2013, 27 (2): 177-189.

⑤ Tebes J K, Matlin S L, Migdole S J, et al. Providing Competency Training to Clinical Supervisors through an Interactional Supervision Approach. [J]. Research on Social Work Practice, 2011, 21 (2): 190-199.

论背景与理论内容，并结合督导案例来实际说明互动模式的应用方法，同时反思中国本土脉络之下互动模式的适用度与适切性。

第一节　互动模式的理论背景

所谓督导的“互动”（Interaction），是指督导者与员工间互为因果、相互牵引的行为。督导者的所思所感往往反映在他对受督导者的行为上，而受督导者亦会因督导者的行为而作出反应，彼此间相互影响、相互强化，最终演化为一种独特的交往形式（徐明心、何会成，2003）[①]。而 Shulman（2010）的“督导互动模式”从“实用主义”与“系统论”出发，认为互动不仅发生在督导者和受督导者之间，而且这种互动的动力受到系统脉络环境的影响。“互动”的含义是指通过受督导者在实务中遇到的各种互动式情境来理解督导者应该发挥的功能，而这种受督导者的互动式情境来自：与督导者的互动，以及与机构、案主和其他个体的互动（Shulman，2010）[②]。为实现以督导者为核心的互动，督导者必须具备核心的督导能力，从而发挥一系列督导技巧。以下是对互动模式的理论和方法论建构视角、理论假设以及模式评价的介绍。

一、“实用主义”与“系统论”方法论视角

Shulman（2010）的互动模式本着“实用主义”的视角融合了各种督导模式之所长，并运用“系统论”的观点描述系统互动的状况，其方法论视角体现了如下要点。

---

① 徐明心，何会成．社会工作督导：理论、实践与反思［M］．香港基督教服务处，1993：97.

② Shulman L. Interactional supervision（3rd）［M］．NASW Press，2010：27－28.

（一）融合了不同的观点

从“实用主义”视角出发，互动模式融合了不同督导模式的观点，其中包括：

（1）描绘了一个督导的复杂过程，强调督导关系，吸收了“督导发展模式”的核心观点，督导在本质上是动态的，以满足受督导者的需求的改变。

（2）采取了“整合发展模型”来探讨督导关系的各种议题。

（3）采取了“证据为本的实务”（EBP：Evidence – Based Practice）来指引督导实务和教育。

（二）描述了系列使用技巧

互动模式描述了一系列督导者在专业工作中使用的“技巧”（Skill），尤为需要注意的是，这些技巧在互动模式中要根据督导和管理的“情境脉络”（Context）去使用。

（三）采用了“系统论”的观点

Shulman（2010）批判了传统督导模式将支持与控制、个人与集体、结构与自由等对立的视角，从“系统论”的角度，认为社会工作督导应该关注不同次系统内的督导，这些次系统之间即呈现着“互动”的关系，而督导者即是在受督导者、团队、机构、案主与服务环境系统之间互动的主导角色，并对实务成效造成间接影响。模式中描述了广泛的助人专业环境，包括：社会工作者、案主、机构和督导者，以及其他“利益相关人”（Stakeholder）对督导发展过程中的动力的影响。因此，督导者与受督导者之间的互动不仅是“二元关系”的，还受到系统的情境脉络的影响，一方面，社会工作者所在的系统环境中的不同元素（团队、督导者、机构、案主等）是互动的、互惠的、动态的、持续的、多层次的、相互影响的，这体现在督导工作系统互动中的障碍可能是多重的和脉络性的，如：行政资源的受限、沟通困难、组织目标的不理解等；另一方面，督导者的角色与功能是需要根据环境、阶段、对象、任务、议题等进行调整的，同时也要对督导功能的目标与内容进行描述①。

二、互动模式督导的领域与功能

（一）督导工作的四个主要领域

互动模式描述了督导主要发挥功能的4个工作领域，包括：

（1）直接服务，即社会工作者在服务案主过程中的预估、干预和评估的实务能力。

（2）专业影响，是指以案主利益作为社会工作者的行动原则，并以此作为影响专业服务环境的政策系统与程序。

（3）持续学习，即实务工作者要持续地发展助人技巧。

（4）工作管理，即引导受督导者处理与工作相关的议题，并创造实务的架构，如：伦理议题的处理等。

以上督导工作涉及的主要领域包含了社会工作者、机构、案主、员工团队以及其他互动系统，而互动模式的要素是技巧、效率与协调性，这些要素需要在受督导者以及督导发生的系统情境之中进行整合性考量，这些系统包括：机构（机构政策目标、制度与程序）、社会工作团队（受督导者、社会工作者所在的团队以及其他社会工作者）、案主以及更大的服务环境系统。

（二）督导功能的协调与平衡

Shulman（2010）认为应该概念化督导工作的主要领域、督导相关的工作系统关系，以及这些互动之中的督导者的功能性角色；同时提出，应通过在日常督导实务中的技巧使用来整合督导者的行政、教育与支持功能②。因此，督导者需要根据系统的整合性考量，对督导功能与角色

---

① Shulman L. Interactional supervision (3rd) [M]. NASW Press, 2010: 21－28.

② 关于督导功能分类的补充说明：Richards 等（1990）与 Morrison（2005）在原有 Kadushin（1976）所划分的“行政”“教育”“支持”功能上补充了“调解”功能，并认为调解功能是谈判协调与对外澄清团队工作角色的功能（Morrison, 2005: 32）。

的定位和平衡进行协调，如图 3－1 所示。

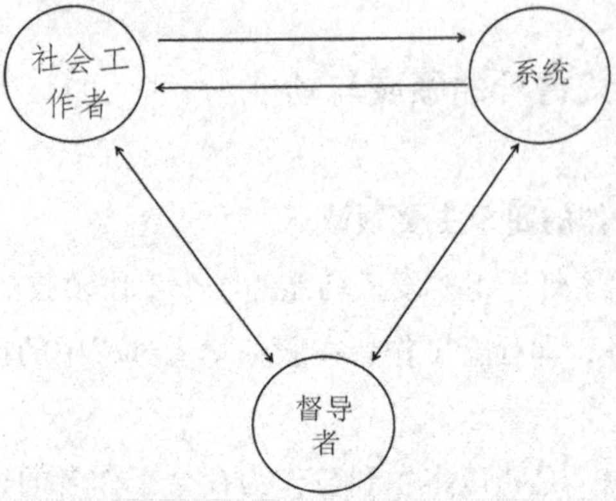

图 3－1　督导者的功能角色的协调（整理自 Shulman，2010：31）

如图 3－1 所示，从互动视角的假定出发，不同系统之间是互惠、互动、动态的关系，这也可以用来解释督导者和受督导者的行为，理解互动动力并发展互动技巧。作为互动主体的督导者和受督导者的角色、任务与目标都是多元的、动态发展的，这也让督导者与受督导者的互动系统更加复杂。因此，督导者需要对组织机构、受督导者以及案主等不同对象与目标负责，进而会产生督导者"双重角色"的难题。这种双重角色也可能会让督导者在督导的不同功能之间拉扯。

然而，根据督导的互动模式的观点，督导者应该通过对系统之间互动的情境脉络来判断需要使用的督导技巧，进而达到整合实现督导功能的目的，这与 Wonnacot（2012）对督导功能的观点一致，即社会工作督导必须超越功能模式而达到整合，整个的重点是将督导者视为一个社会工作实践的领导者。既然作为一个领导者，督导者就必须同时关心社会工作者的服务数量，以及能够促进高品质实务工作开展的复杂条件与环境，还要考虑服务使用者的需求与状况，以及社会工作者个人的感受与需求所带来的影响等。因此，不同的情境因素需要考虑进来，以平衡机构的要求和其他专业人士的期望。故在督导的过程中，督导会谈不仅仅是讨论实务议题，还包括组织行政管理、受督导者持续的专业成长、服务的环境等[①]。基于督导功能是互补且相互促进的，督导功能要根据督导者与受督导者的个人特质、风格以及情境脉络的变化而产生相应的变化，同时也要在不同的系统之间调节与适应。

三、互动模式的理论假设

在“实用主义”和“系统论”的视角基础上，Shulman（2010）形成了一个可以日常使用的督导“实践理论”（Practice Theory）来描述督导的复杂过程，以便清楚地知道在什么状况或问题下，根据什么督导目标或期望，决定使用什么督导技巧。在此基础上，互动模式提出了5个理论假设。

（一）督导是一个互动的过程

督导者和受督导者都会在督导互动历程中影响彼此的行为与工作成效。这造成了督导互动动力的两个方面：一方面，每个行动者的行为、情绪与感受都不能单独地理解，需要放到团队、组织与案主等系统环境之中去理解与分析；另一方面，督导者需要掌握受督导者的行为、关系与互动模式，并将此作为讨论内容，成为受督导者成长与转化的动力。

（二）督导中有一些共通的或持续的元素

一系列共同体的动力和核心技巧是所有督导过程的核心，并受督导环境因素、特定案主或问题界定所引导，督导者需要据此与受督导者一同界定工作目标、目标人群和工作原则等。

（三）督导中有一定的动力和技巧运用

不同类型的互动中具有广泛的动力可以运用不同的技巧，如会谈的同理与聚焦技巧等；但个人和团体督导中有区别，如：特定议题的讨论与冲突的处理。

---

① Wonnacot，J. 社会工作督导［M］. 赵环，魏雯倩，等，译. 上海：华东理工大学出版社，2015：14－15.

（四）督导中存在着平行关系

督导动力及其助人关系之间存在着平行关系。如：督导会谈中技巧的运用也会促进社会工作者的实务会谈技巧的提升。

（五）督导关系是影响机制

督导者与受督导者的关系是影响社会工作实务成效的机制。督导工作关系的发展情况可以通过受督导者的三个测量维度来检测：一是“和谐一致”，即受督导者与督导者的基本相处能力；二是“安全的分享基础（氛围）”，即受督导者能够与督导者畅所欲言，并能够像分享成功经验一样分享失败与错误的经验；三是“照顾”，即受督导者感知到督导者能像对待案主一样照顾受督导者。因此，督导者和受督导者建立“工作联盟”（Working Alliance）关系是十分重要的，督导者需要在督导关系中持续地保持“工作联盟”[①]。

四、互动模式的评价

徐明心（2008）[②] 认为：“督导的阶段是决定督导关系、督导策略与技巧的重要因素之一。”督导者可以根据督导阶段中督导关系发展的历程与督导关系互动的情况，提前评估督导目标与可能面对的问题，并据此设置督导任务，根据情境状况掌握督导技巧与发挥督导成效。Miehls（2010）通过对现在督导理论的梳理与回顾，对传统的二元的督导关系的“平行过程”提出质疑，认为督导理论应该从“多元系统脉络”中去理解督导关系复杂的动力与意义，这就要将督导关系置于更广阔的互动中[③]，而互动模

① Shulman L. Interactional supervision (3rd) [M]. NASW Press, 2010: 12-20.

② Ming-sum Tsui. 社会工作督导脉络与概念 [M]. 台北：心理出版社，2008: 109.

③ Miehls D. Contemporary Trends in Supervision Theory: A Shift from Parallel Process to Relational and Trauma Theory [J]. Clinical Social Work Journal, 2010, 38 (4): 370-378.

式正好弥补了传统督导模式的“二分法”缺陷。陈锦棠（2012）[①] 认为“互动”是督导过程中最重要的因素，并认为互动模式建立了融合微观与宏观的系统视角，一方面，在宏观方面，督导过程被分为不同的阶段，而督导过程中不同阶段的督导会谈技巧则被整合起来了；另一方面，在微观层面，互动模式详细地说明了督导会谈的步骤与技巧使用，且有实证研究支持其有效性。

在模式的效能评价方面，互动模式除了可以运用在社会工作督导实务中，可以促进督导关系与督导功能的发展；还可以有效运用到社会工作督导的人才培养与教育上，有效地提高社会工作督导者与实务者的专业技巧与工作能力。Tebes（2011）的实证研究认为互动模式是一种可行且有效的督导方式，研究者们评估了参加互动模式培训的 81 位督导者，认为其在培训之后，三个督导核心能力都有所成长[②]。而督导核心能力的成长又提高了督导者的满足感并缓解了工作压力。实证研究结果显示，互动模式的“整合证据为本的实务”（EBP，Evidence - Based Practice）视角可以更加有效地指导督导工作、一线实务工作与督导培训。

David Lawlor（2013）[③] 描述了采用互动和反身性督导模式去提升督导技巧的培训项目，并认为互动模式可以清楚地了解督导者以及组织系统脉络中的元素，可以促进社会工作者有效地发挥他们的工作能力与经验，能够促进他们批判、反思自身经验，讨论合适的技巧以符合不同情境的需要，进而提出要以培养督导者采用“能力为基础”的互动模式的反思性知识，即将知识、技巧与价值观相互结合，并融合

---

① 陈锦棠．社会工作督导：经验学习导向［M］．台北：巨流图书公司，2012：91.

② 这三个督导核心能力分别是：一是管理督导关系：发展督导契约去引导工作与督导议程；二是管理工作表现：表达清楚的期望、评估、要求与期望，拟定合适的标准与定期评估；三是促进专业发展：支持员工发展计划，鼓励督导者认识自己专业发展的目标。

③ David Lawlor. A Transformation Programme for Children's Social Care Managers Using an Interactional and Reflective Supervision Model to Develop Supervision Skills［J］. Journal of Social Work Practice, 2013, 27（2）: 177 - 189.

系统情境脉络的讨论与处理，从而达到不断反思、探索经验与道德批判的效能。

Shulman（2010）以互动模式的理论观点与相关实证研究为基础，首先，介绍了该模式“实用主义”和“系统论”的方法论视角，以及以此为基础发展的理论基础，包括：督导的工作领域、督导的互动系统、在系统情境脉络之下使用不同技巧去达到督导功能的协调与平衡；其次，从以上理论基础出发介绍了互动模式的“互动过程、共同元素、广泛技巧、平行关系、督导关系”等5个理论假设。互动模式对于督导过程与一线实务工作的成效以及督导者的能力培养都有显著效果，并融合了微观与宏观督导理论视角，是一个有价值、可行有效的社会工作督导模式。下节就该模式的具体内容予以介绍。

第二节　互动模式的主要内容

互动模式主要描述了随着督导历程的发展，在不同阶段根据督导情境脉络元素，督导者可以使用的“督导会谈”技巧，而这些技巧可以构成与受督导者及其他系统的互动媒介，从而发挥督导成效。因此，互动模式的重点内容主要是督导的阶段性历程以及督导技巧。Shulman（1993；2000）描绘了督导的4个阶段：预备阶段、开始阶段、工作阶段、终止阶段。在4个阶段中，都需要督导者运用不同的督导技巧来发挥督导功能，促进受督导者阶段性成长。4个阶段的督导历程与会谈技巧要点如图3－2所示。

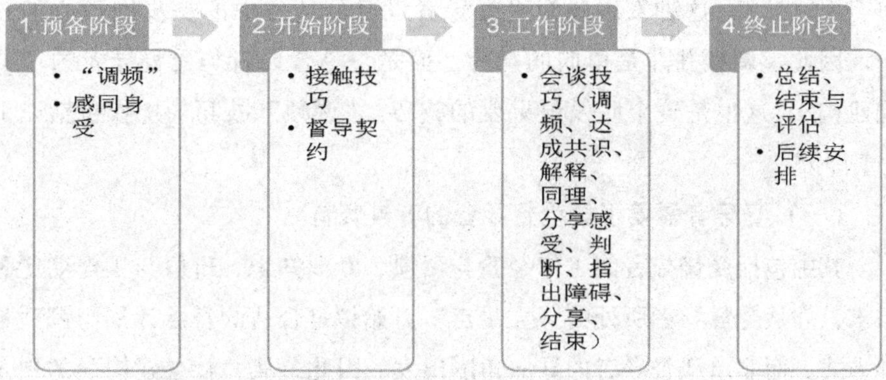

图3－2　“督导互动模式”阶段历程与会谈技巧示意图①

如图3－2所示，在“督导互动模式”之中，主要的督导技巧是运用督导“会谈”（meeting）的形式开展的，不同阶段有不同的会谈技巧可以使用，以下就每个阶段的重要督导技巧予以介绍。

一、预备阶段

督导关系的开始时期是一个不确定与紧张的阶段，督导者与受督导者双方都会对彼此的关系模式、处事方式、期待与需求、行为与态度等方面进行试探和调适，督导者的人际关系动力模式可以影响到受督导者在督导系统之中的关系品质，故此阶段的重要技巧是“调频”，即找到双方合适的相处频率与督导节奏。所以，在真正建立督导关系之前，督导者需要通过“调频”（tuning－in）与“设身处地”（from here and now）等方式从受督导者的“立足点”（where the staff is）了解对方并建立初步的同理心，督导者必须熟悉受督导者的背景资料，包括其价值观、文化、态度、专业知识、习惯甚至嗜好才能“调对频”，而非从一开始就要求受督导者

① 整理自：Shulman L. Interactional supervision（3rd）［M］. NASW Press，2010：95－163.

“应该如何”[①]。这种发展成为受督导者设身处地考虑的初步同理心的技巧。因此，调频并非是单向的行为，而是一种督导者与受督导者的“共同建构”，这也是这个阶段最重要的技巧。“调频”技巧的操作包括以下4个部分。

（一）督导者需要了解受督导者的背景资料

其中包括受督导者的工作经验与习惯、专业知识、价值与工作期望和需求，并从受督导者所处的“立足点”开始拟订合适的督导计划与调适督导方式，而非单从督导者的导向角度出发。因此，从“社会建构”的视角来看，受督导者并非是一个等待被填满的容器，他们是带着过去经验所提炼出来的信念、文化、价值观与知识背景进入实务环境中的，这要求督导者与其通过讨论和协商，从而对督导的目标、需求、期望、方式与方法等达成“共同的意义”，进而达成判断[②]。

（二）评估督导者自身与受督导者的发展阶段

督导者和受督导者虽然都会经历从资浅到资深的经验累积与成长阶段，但成长议题与需求各有不同。

1. 督导者的发展阶段

督导者的发展阶段有不同的分类，无论是三段论或是四段论（Alonso，1983；Stoltenberg & Delworth，1987；Watkin，1993）[③]，都描述了督导者的个人成长与督导功能发挥的历程，随着督导者督导经验的积累与个人成长，他们能够从初期的矛盾、冲突中过渡出来，到中期能够胜任角色与发挥功能，乃至后期能够不断给予受督导者支持与促进，并能综融系统互动情境脉络而发挥督导功能。因此，督导者的发展阶段需要完成如下任务：

---

① Ming－sum Tsui. 社会工作督导脉络与概念［M］. 台北：心理出版社，2008：114－115.

② Davys A，Beddoe L. Best practice in professional supervision：a guide for the helping professions［M］. Jessica Kingsley Publishers，2010：52－55.

③ Ming－sum Tsui. 社会工作督导脉络与概念［M］. 台北：心理出版社，2008：110－111.

（1）督导者要通过经验的积累与成长，熟练掌握督导技巧，并根据督导情境与受督导者的变化运用督导技巧、发挥督导功能。

（2）督导者的成熟过程是督导功能逐步整合与平衡的过程。如：从最初的行政功能到后期的支持功能与关注员工发展。

（3）这个过程亦是权力从“控制”到“批判反思”的过程。督导者要看到在角色、情境、团队与阶段演变的发展历程中蕴含的权力变化，从行政管控到批判反思，关注受督导者自身发展，反思督导情境的资源与障碍，运用系统建构的力量发挥督导成效。

2. 受督导者的发展阶段

（1）入职导向阶段。受督导者因为对工作环境与职务的生疏而会产生许多焦虑，此时，受督导者的任务是掌握基本的工作模式和专业实务技巧。就此，督导者应给予足够的情绪支持与鼓励，并于日常工作细节上提供足够的指导，使受督导者能够应付手头上的工作。

（2）工作独立阶段。受督导者可以胜任甚至熟练掌握工作，即从依赖督导者到独立工作的阶段。

（3）团队融入阶段。督导者应关注受督导者融入团队与分工合作，由独立自主转化为互助合作的团队成员之一，此时受督导者从独立的发展阶段进入相互依存（interdependence）的发展阶段。

（4）专业自主阶段。受督导者在督导者的协助下，能根据工作情境，熟练掌握与运用专业技巧，甚至成为某一领域的专家，工作得以满足且士气得以提升。

（5）未来发展阶段。督导者除了考虑专业目标和行政绩效外，还需要考虑受督导者的个人发展，应为受督导者未来专业发展着想，根据其发展意愿与志向，共同拟订未来专业发展计划[①]。因此，不同阶段的督导者和受督导者都有不同的成长议题与需求，如：从平级的同事晋升到督导岗位的新督导者，需要与同事们“建立新的边界”与“保持距离”，但这种角

---

① Ming – sum Tsui. 社会工作督导脉络与概念［M］. 台北：心理出版社，2008：113 – 114.

色转变也让新督导者会感到不适，故在角色转变之前需要进行心态与关系的调整。

（三）督导者的个人稽核

督导者要通过“个人稽核”（Personal Audit）判断自己是否具备一位“好的督导者”所应有的特质，并从自我督导经验、督导风格、个人优缺点、兴趣、工作经验与理论架构的认识出发，正视自我并清晰地探索到自我认知：你是谁、你在职业生涯里的位置、实务理论与价值观、对督导的看法与期待等[①]。同时，直面自己的经验或知识不足，与受督导者针对督导风格等进行坦率的沟通。

（四）督导会谈前的准备

1. 考虑可行的会谈主题与方式

如督导议题与内容、合适的督导会谈技巧与使用的可能时机、定义权力议题与其他潜在的禁忌议题、通过自我揭露等促进受督导者同理的发展等。

2. 督导态度的准备

包括建立合理的督导期望与责任及开放、接纳、真诚的态度等。

3. 物理环境与设备

如安全、私密与舒适的督导会谈空间、随时记录受督导者在会谈中提出的讨论议题的记录工具、相关工作指引等。

此外，陈锦棠（2012）[②] 提出在此阶段，督导关系的双方可以探寻一系列问题：其一，我想从督导者/受督导者那里得到什么？其二，我如何合适地回答关于我的背景的问题？其三，我为何对工作关系的改变感到紧张/不紧张？……这些问题可以让我们反思督导关系中的动力，并对合适的督导风格、关系互动方式与关系距离作出调整，如：

---

① Davys A, Beddoe L. 社工督导：理论与实务［M］. 曾焕裕，刘晓春，译. 台北：洪叶文化事业有限公司，2016：48－50.

② 陈锦棠. 社会工作督导：经验学习导向［M］. 台北：巨流图书公司，2012：95.

太有威严和距离感的督导者会容易让受督导者感到焦虑，不敢面对失败或错误；但太过放任的关系，容易让受督导者感到无法获得及时、有效的支持。

二、开始阶段

开始阶段最重要的议题是建立督导关系的信任与对督导的重要议题达成一致。督导者要与受督导者对自己关于目标、期望、角色等的想法进行直接且明确的澄清，了解受督导者的回馈与建议，并对双方之间的义务、职责与权力关系进行讨论。此段期间的重要技巧是“契约”（contract），即督导契约的协议与达成一致，督导者需要进行的具体操作包括：一是分享彼此对督导目标的看法；二是描述督导者的角色；三是从受督导者表达的期望中提炼和反馈建议；四是讨论督导权力履行中彼此的责任、期待与方式。

讨论的最终结果是希望对督导契约的内容运用书面或口头的方式达成一致，包括督导的目标、角色、权责、内容、形式、地点、日程安排与评估方式等方面。在督导契约的签订中，有两方面注意事项：一是注意讨论的安全环境基础，包括心理安全与物理安全，需要发展一个接纳、包容与信任的督导关系，这样才能了解受督导者的真实期望与想法，同时符合服务与组织环境的实践条件与脉络环境，这种脉络环境包括物理、人际、文化与心理的脉络[①]，否则督导契约就是“一纸空文”；二是需要敏感察觉受督导者的感受、需求、个性与期望，比如不能维持工作与生活的平衡，此时可能受督导者会期望在生活与个人发展方面获得督导者更多的支持，也可能受督导者会希望在行政工作上多些指导，等等。

因此，在开始阶段，督导者要保持多元性并营造安全的讨论氛围，同

① 李晓凤．社会工作督导——理论与实务及本土经验反思［M］．北京：中国社会出版社，2016：91.

时也促进受督导者的"系统论"视角的发展，这就需要做到三个方面：其一，要探究与协助受督导者表达需求，并对不同风格、特质与需求的受督导者在督导功能发挥时有侧重点地倾斜；其二，需要对督导功能的有效性、服务环境的条件、组织目标与政策环境等进行说明，拓展受督导者的视野与看法，让受督导者的需求表达与满足能够有针对性和可操作；其三，保持文化与权力的敏感性，察觉敏感议题并小心处理，持续保持真诚的讨论与自我探索，如跨专业、跨性别、跨文化等议题的讨论都需要小心处理。

三、工作阶段

工作阶段是督导历程的核心阶段，相比开始阶段也更加复杂和困难，通常以督导会谈的方式进行，一般维持一个小时或稍长一点的时间。在督导会谈的整个过程之中，根据工作阶段的督导动力（dynamics）发展，会运用到一系列关于沟通、关系和问题解决的技巧，包括：会谈开始前会运用到的"调频"（tuning - in）技巧；会谈开始时的"缔约"（contract）技巧；会谈中的"详细阐述"（elaboration）技巧、"同理心"（empathic）技巧、"分享感受"（sharing feelings）技巧、"提出工作要求"（making a demand for work）技巧、"分享资料"（sharing data）技巧，以及结束会谈时的总结与概括等技巧，尤其需要注意的是其中还包含讨论敏感议题的技巧，以及处理权威议题的技巧①。

（一）调频技巧

调好频是为了让受督导者面对工作、实务或个人成长上的问题，而非回避问题，因此，督导者必须正面与开放地聚焦在受督导者所遭遇到的具体问题或困难上，并关注与感知受督导者对此焦点的感觉、认知与情绪，例如：组织政策与程序上的困惑或压力让其能够表达感受与处理情绪。此

① Shulman L. Interactional supervision (3rd) [M]. NASW Press, 2010: 95 - 152.

过程可以让受督导者有“感同身受”（feel with）的体验，并能针对具体问题对症下药，促进督导关系的信任发展和有效沟通，进而促进受督导者专业的行为模式与认知的形成。

（二）缔约技巧

虽然在督导开始阶段会通过督导契约来对督导目标、角色与形式等结构性内容达成一致，但是每次督导会谈，督导者和受督导者双方都需要针对讨论的目标与内容达成共识并拟定好“暂时的”议程。

（三）详细阐述技巧

详细阐述技巧可以帮助督导者掌握和深入受督导者的叙述，同时协助受督导者阐述和澄清特定的关注，包括五种技巧：特定、自我控制、聚焦性倾听、提问和适当保持沉默等。

（四）同理技巧

督导者有责任去缓解受督导者工作方面的压力，以便为受督导者提供支持和更有效能的服务，因此，督导者应该能够对受督导者感同身受，能够触及、承认以及明确表达出受督导者的感受。虽然同理作为社会工作者的必备技巧之一，但是与实务工作中的同理技巧不同的是，督导中的同理技巧的运用需要同时具备支持和要求的作用：既要有人情味和包容、接纳，又要说明和确保工作目标、要求与程序。

（五）分享感受的技巧

分享感受有两方面的作用：一方面是促进督导关系的发展，为了让受督导者坦诚相待并建立和谐的关系，督导者必须是一个“真性情的人”；另一方面缓解督导者的压力，督导者具有“使能”（enable）与“确保”（ensure）的双重矛盾角色[①]，而分享感受可以让受督导者了解情境脉络与个人发展的现实状况，也会缓解督导者的系统压力。分享感受包括以下四个方面：一是督导者要展示弱点，这是一种投射

① 曾华源．对督导工作的基本概念和运用［J］．社区发展季刊，1982（19）：94－99.

性认知（Projective Identification），并非仅仅描述感觉，而是向受督导者传递一种类似的反馈；二是展示愤怒，为保持专业权威形象，很多督导者都难以公开和直接地表达愤怒，这可能会阻碍督导双方之间的沟通，因此，督导者需要扭转这种对愤怒情绪与权力感的错误认知；三是督导者需要关注展示感受，包括温暖和照顾他人，这种照顾不仅体现在工作中，更体现在生活和个人方面；四是处理好退休的受督导者的离别情绪①。

（六）提出工作要求的技巧

提出工作要求技巧包括以下四个步骤：

一是督导者要促进从“融化”到“去平衡”的转变，即从看似平稳的工作中找出造成工作上不清晰或出现问题的地方，并辨识这种问题引发的原因、方式与程度。

二是处理受督导者惧怕改变的不安全感，通过同理、真诚、分享感受等非判断性和支持的方式让受督导者面对失衡的现状，并通过前文所提的描述问题细节与聚焦等技巧协助受督导者专注工作中重要或紧急的任务。

三是督导者持续地通过教育与行政等功能促进受督导者解决问题能力的提升，并及时支持减轻其工作焦虑情绪，通过发挥督导的协调功能消除系统障碍和压力，提供工作发展所需要的资源②。

四是督导者要与受督导者一同“批判反思”，系统脉络化地分析工作问题的致因与影响，同时结合工作实况提出切实有效的建议。

（七）分享资料的技巧

资料包含行业动态、行政管理、组织发展、政策程序、服务需求、专业知识与技巧、资源渠道等各种类型，督导者分享有用与有效的资料

---

① Shulman L. Interactional supervision (3rd). NASW Press, 2010: 116 - 200.

② Egan R, Maidment J, Connolly M. Trust, Power and Safety in the Social Work Supervisory Relationship: Results from Australian Research. Journal of Social Work Practice, 2016.

要做到：首先，注重资料的日常收集；其次，筛选资料并确保资料的有效度和可信度；再次，在分享中注重与受督导者的真诚与有效的沟通，确保受督导者真正理解资料并指导其如何实践；最后，通过“知识管理”等方式，培养受督导者收集与管理资料的能力，并通过朋辈督导、个案会议与团体督导等方式，促进受督导者相互之间的自主学习与资料共享。

（八）结束会谈的技巧

为确保督导效能，督导者需要时刻评估督导的进展阶段、时间节奏、内容进程与目标达成情况。因此，在督导会谈的结束期，督导者需要进一步总结、提炼与巩固督导成效，其中包括：总结、概括、角色扮演、明确任务、提出要求和期望等。

（九）处理特别议题的技巧

在督导会谈期间，还可能处理一些敏感或难以企及的议题，如性别等敏感议题、权威议题以及处理权力议题①。

综上所述，将以上工作阶段不同时期采用的督导技巧进行整理，如表3－1所示。

表3－1　不同工作阶段督导技巧汇总表

工作阶段	督导技巧
1. 会谈前	调频
2. 会谈开始	缔约（达成共识）
3. 会谈中	详细阐述、同理心、分享感受、提出工作要求、分享资料
	特殊技巧：处理敏感与权威议题
4. 结束会谈	总结、概括、预演和处理“门把手综合征”

资料来源：作者整理自Shulman（2010）。

① Shulman L. Interactional supervision (3rd) [M]. NASW Press, 2010: 130－131.

四、终止或转变阶段

督导者和受督导者由于升迁、调职、进修、辞职或退休等原因不得不终止或转变督导关系，所以督导过程的最后阶段没有确定的时间架构，督导者和受督导者都需要提前做好预期、准备与规划。在终止或转变阶段，督导者与受督导者一起回顾、总结与评估整个督导历程的表现、经验、收获、体悟，还需要激励受督导者将成长收获应用于未来工作中。此外，对于转变督导关系的情况，督导者或受督导者需要充分做好工作交接，确保工作和服务的正常进展，使社会工作者的情感得到合适处理。Shulman (2010)① 认为，终止或转变阶段的重要工作包括：督导者与受督导者预约结束时间和方式；督导者需要认识到结束阶段可能出现的动力；督导者需要了解受督导者自己关于离开的感受，并鼓励受督导者分享其感受；督导者形成一个督导经验的回顾评估的架构体系；关注此员工的离开对团队其他员工的影响；督导者应该协助受督导者提升个案的结案技巧或转介安排。

具体而言，终止或转变阶段的工作包含以下两个方面的内容。

（一）督导的系统性评估

在督导互动的整个历程都有“系统性的评估”，所谓“系统性”，即督导评估需要是有计划的、周期性的、有共识的，以及持续跟进的。评估最重要的不是取得绩效结果，而是通过将员工表现、服务品质与机构评估功能相联结，达到“形成性教育”的目的，促进受督导者的持续成长。Shulman (2000)② 提出在评估过程中有七个步骤：一是在工作关系开始时，督导者应该给受督导者澄清评估的指引；二是评估的项目应该拆分成不同部分，随着督导历程的不同阶段而自动呈现；三是在正式评估会谈之前，督导者和受督导者都需要清楚评估所关注的程序或范畴；

---

① Shulman L. Interactional supervision (3rd) [M]. NASW Press, 2010: 155 - 156.

② Shulman L. Interactional supervision (3rd) [M]. NASW Press, 2010: 215.

四是督导者和受督导者都应该对评估前的准备工作负责；五是督导者和受督导者都应该提供评估会谈的档案记录；六是督导者和受督导者都需要参加督导评估会谈，并根据评估项目表达看法，讨论一致与不一致的地方；七是当双方达成一致时，督导者需要结合评估内容作出评估结果的最后决定。除此之外，在督导评估中还需要注意评估工具的效度与信度、评估会谈的技巧，以及受督导者的权利。

（二）受督导者的"离职会谈"

李晓凤（2016）[①] 认为"离职面谈"应包括三大内容：其一，欣赏离职员工对机构的贡献，并对其表示肯定与感激；其二，为离职员工提供情绪支持与安慰，缓解其分离焦虑；其三，祝福离职员工将来的发展，同时为受督导者未来的发展计划提供建议。

互动模式中描绘并说明了督导的四个阶段（预备阶段、开始阶段、工作阶段、终止阶段）以及在每个阶段所使用的督导技巧和执行要点，包括：预备阶段的调频，开始阶段的缔约，工作阶段的同理、解释、要求工作、分享感受、分享资料，以及最后终止阶段的总结、概括与回顾等。然而，如果只是单纯学习个别技巧的使用，则容易犯误当"技术"为"技巧"的错误。"技巧"（skill）与"技术"（technique）不同，技巧不只是一种技术性或机械性的活动，而应是针对特殊的需求、情境中的问题，选择、组合或联结不同的技巧[②]。因此，在不同的情境和议题中督导者都需要有目的性地去干预，如表3－2所示。

---

① 李晓凤．社会工作督导——理论与实务及本土经验反思［M］．北京：中国社会出版社，2016：95－96.

② Cournoyer B R. The Social Work Skills Workbook, Fifth Edition［J］. Thomson Learning, 2013：5－7.

表3－2 督导干预和技巧纵览①

干预途径	督导目的与时机	督导技巧
促进	传递正向关怀，专注于安慰和隐私，确保督导的顺利进程	倾听和专注、摘要、沉默、自我揭露、封闭式问句、回馈（确认和反思）
催化	促进受督导者成长、发展和学习，协助受督导者的自我检查和自我发现	开放式问句、逻辑性的结果、回馈（确认、反思和修正）、重新架构
概念	提供受督导者相关的信息与知识，分享督导者的实务智慧，促进受督导者的理解和问题解决	资料提供、提示工作程序和专业知识
面质	质询受督导者可能未察觉或不承认但却限制其实务与理解的重要内容，促进其改变	面质、修正式回馈、意识觉醒
指示	指示的使用时机是当受督导者以某种具有潜在危机与风险的方式进行实务或行动时，或违背相关政策、规定或协议	指导

如表3－2所示，督导者需要结合不同的督导目的和会谈时机而运用不同的督导技巧，以此发挥不同督导功能并达成不同的督导效果。表3－2可以结合Shulman（2010）“互动模式”中所提及的技巧进行补充使用，以下对上文未介绍的技巧予以补充说明：其一，“逻辑性结果”：旨在提醒受督导者注意其行动可能带来的结果，以帮助其作决定；其二，“修正性回

① 修改自：Davys A，Beddoe L．社工督导：理论与实务［M］．曾焕裕，刘晓春，译．台北：洪叶文化事业有限公司，2016：147.

馈”：可以运用“CORBS”回馈架构①发挥回馈作用，以及运用“DESC”表述回馈②（Davys A & Beddoe L著，曾焕裕、刘晓春译，2016）；其三，指导：可能是信息的提示，也可能是提供受督导者关于如何操作具体步骤的明确说明，还可能是要求受督导者要注意到某一状况。

第三节　互动模式的应用与反思

在了解互动模式的基础上，本节将结合督导实务案例来阐述这一模式的实际应用与反思。

一、案例介绍

社会工作者小张（男，22岁）是一位刚刚毕业的社会工作专业的本科学生，小张的督导者老李（男，28岁）是一位具有4年学校社会工作、1年社区社会工作一线实务经验与半年督导经验的督导者。小张和老李所工作的X机构是一个成立5年、以学校与青少年社会工作服务为主的中小型机构，1年前刚刚在民政局社会工作服务项目的政府招投标中中标了Y社区服务中心项目。按照采购方对项目运营的要求，Y中心有3位社会工作者：除小张之外，老李是该中心的主任并负责团队的督导工作；另有一位社会工作者阿花（女，32岁，行政管理专科学历，有3年社区工作经验），负责Y社区老年人和社区志愿者发展服务与Y中心行政事务工作。根据对Y社区服务的需求调研与Y社区所属街道领导所表达的期望，Y中心将在

① “CORBS”回馈架构：C－Clear，明确回馈的内容和目的；O－Owned，用“我”起始来描述自己的看法；R－Regular，将回馈成为例行会谈；B－Balanced，回馈要纠正、关怀与反思；S－Specific，回馈要具体到行为或事件。

② “DESC”表述架构：D－Describe，描述要改变的行为；E－Express，表达关心/感受；S－Specify，明确你期望的行为改变；C－Consequences，说明期待该改变的原因和结果。

接下来的两年重点发展家庭服务，尤其是低保家庭等困难家庭的个案工作，这个工作就委派给了小张。对刚毕业的小张来讲，这是一个很大的工作挑战。

以互动模式来分析，随着小张和老李的整个督导阶段历程的发展，在不同的阶段，小张会遇到不同的成长目标、督导需求与情境议题。以下就小张在不同阶段的主要情境议题及老李就此所使用的主要督导技巧予以介绍。

二、案例督导操作

（一）情境一：督导的“调频”与准备

预备阶段老李主要了解小张的背景资料、督导需求与期望，并对督导会谈的开始做好准备。在预备阶段，老李督导的情境议题是：如何了解小张的督导需求与系统脉络对服务的需要，并调配自己的督导风格与之相匹配。结合X机构与Y社区的服务发展，以及小李的基本背景情况，老李采用如下操作以发挥“调频”的技巧：

1. 需求评估

在正式督导之前让小张填写了《督导需求评估表》，了解了小张的背景资料与特征，初步评估了小张的督导期望概况，包括：

（1）实务方法期望：希望重点积累个案工作与小组工作的专业经验与技巧。

（2）受督导者经验：以前没有接受过督导，希望督导者可以提供实际的指导与支持。

（3）实务经验：大学期间做过志愿者，到儿童福利院实习过3个月，但缺乏系统性的专业实习经验。

（4）学习经验：大学期间学习过社会工作的基础理论知识、方法与技巧，但理论联系实务的机会和经验较少，尤其是家庭工作方面。

（5）价值与态度：小张对社会工作表现出了极高的学习主动性、投入感与积极性。老李了解到小张的优势在于积极的专业投入与态度，并具备一定的社会工作专业知识与技巧基础；但同时，小张缺乏实务与受督导经验，这就需要老李不断推动小张通过经验而反思学习。

2. 自我探索与调整

老李身兼中心主任与督导者，需要对采购方、机构、社区居委会、社工团队与案主等不同的利益相关人负责，并在不同的督导范畴与情境中发挥不同的督导角色、功能与目标。因此，老李先批判反思了自己工作的脉络环境、过往经验、文化价值预设与知识体系等，并根据小张的基本状况以及机构的要求和服务环境的需要，调整督导目标与期望。

3. 分析与确定员工的“工作描述”

结合该市社区服务中心社会工作者工作职责、X机构的机构政策、Y社区调研报告，老李整理了小张负责该中心家庭服务的“工作描述”，包括：基本工作职责、工作指标、服务人群分析、工作方法等，该“工作描述”与机构、社区与团队系统脉络相结合，如由于家庭服务尚属于开拓期，小张又对社区环境不是很了解，老李认为小张应该把重心放到家庭社会工作的专业实务上，这就需要在团队配合、服务资源、实务指标和专业训练上有所倾斜。

4. 准备第一次的督导会谈

（1）初步拟定“督导会谈议程”，引导说明与缓解情绪：考虑到小张以前没有受督导的经验，第一次督导会谈可能会紧张的情况，老李并没有让小张直接填写《督导会谈内容建议表》，而是在正式督导会谈前跟小张说明了督导的职责和第一次督导会谈的目的与方式，并通过“自我揭露”等技巧缓解其紧张情绪，同时探索小张对第1至2次督导会谈的需求与期望。

（2）物理环境与工具准备：老张提前准备了“工作描述”的相关内容与机构的《新员工上岗手册》等资料，并准备了单独的会谈室与舒适的环境。

（3）初拟第一次的督导会谈议题，包括：其一，进一步评估小张的个人特质、督导需求与期望；其二，结合小张的工作职责，进行工作导引与说明；其三，了解小张入职后的工作适应情况、感受与情绪；其四，共同讨论督导计划与达成口头协议。

（二）情境二：督导契约与达成共识

在第一次的督导会谈中，老李与小张根据预备阶段初拟的会谈议题来展开讨论，老李会同时注重会谈的“结构性”与“支持性”的督导技巧的综合运用：一方面是对会谈有序进行与会谈节奏的把控；另一方面是关注小李在会谈中表达的感受与情绪。然而，在会谈中，老李发现小张在对社区社会工作的理解方面与自己的想法有差异：小张认为社会工作者的工作应该以个案工作、小组工作等“专业服务方式”为主，希望自己可以多承接这方面的工作，而对于社区与目标人群的整体分析和发展缺乏概念。老李理解身为缺乏一定实务经验的社会工作者可能会呈现经验学习的匮乏，这让小张相对片面地理解“专业社会工作”，缺乏“整合系统脉络观”的思考视角。对此，老李没有直接要求小张按照机构政策执行指标，而是在对“督导契约”达成一致前对此进行了深入的讨论。

首先，老李营造了一个包容、接纳且安全的讨论氛围。老李通过“保持沉默”与“聚焦性倾听”了解小张对工作的理解，并不作任何判断地倾听，及时肯定了小张对于工作的积极主动性。

其次，老李通过“概念介入”引发小张的理解和思考。一方面，老李通过“详细阐述”说明了Y社区服务中心在社区服务中的功能与定位，并运用“服务生态图”分析了Y中心与机构、购买方、社区居委会、居民之间的利益关系，让小张理解到要从整体视角去作工作分析。另一方面，老李通过“提供资料”简述了Y社区的社区需求调查，让小张了解居民的服务需求与对社会工作者的接受度。同时，通过“分享感受”的“自我揭露”来分享过往经验和体悟：当初从学校社会工作者到社区社会工作者的转变过程中，自己对社会工作认知与价值观的批判反思的经验。通过一系列理论结合实务的“概念介入”，间接地挑战小张对社会工作相关理解的模糊的地方，小张突然“恍然大悟”，表示：“原来社会工作的角色、功能、理论与方法是多样的，而在不同的服务阶段和服务脉络之下都需要‘全盘考虑’。”

再次，老李通过“开放式问句”与“逻辑性结果”让小张去思考工作的规划。如：“你觉得我们刚刚到社区，在居民还不了解社会工作者是谁的时候，怎样逐步接触居民、开展我们的服务？”“当我们一直只在社区服务中心开展服务的时候，对居民来说会造成什么影响?”通过这种启发性的提问，让小张认识到自己对居民和社区的了解还不够，需要与社区居民建立良好的、主动的关系才能开展服务，因此，他拟订了阶段性的工作计划，包括前期通过家访、社区茶话会、嘉年华等活动与居民建立关系，然后再逐渐发掘个案。

最后，老李通过“缔约”“总结”“概括”等方式，整理了双方的共识，并拟定了口头的“督导契约”。针对小张积极主动的学习态度与工作热情但缺乏实务经验的情况，老李与小张达成共识，决定采用 Kolb 的“经验学习理论”①，让小张通过“经验学习圈”不断积累与反思经验，并将重点放在社区社会工作与家庭社会工作上。基于此督导目标，双方初拟了《受督导者个人成长计划》，明确了小张的学习目标、任务、途径、资源、双方在执行此计划中的角色和分工等。而老李也通过“分享感受”表示对小张的投入的肯定，同时真诚地表示这是他和小张一起学习和成长的难得经验，并计划在小张工作的前期多增加督导频次、多些“现场督导”，缓解小张的工作压力，为其提供及时性支持。

（三）情境三：系统冲突与督导功能的相互联结

在小张正式开展工作四个月后的一天，小张正要做一个低保家庭的茶话会活动的筹备工作，Y 社区居委会主任临时把小张叫过去，让他这两天协助做文明城市的入户宣传工作。小张回中心后向老李表达了他的不满与失望：“这工作没法干了，整天塞行政工作给我!”老李见小张情绪比较激动，紧急进行了督导会谈，并作了如下应对：

首先，运用“同理心”与“分享感受”技巧。老李先倾听了小张的心声，并表达了对其处境的同情，缓解小张波动的情绪，并探索小张该情绪背后的感受、认知与价值判断。老李分享了自己过去在类似情况下的经验与挫折感，这让小张感受到老李是与其感同身受的，有陪伴和支持感。

其次，待小张情绪稳定后，老李尝试性地通过“提问”与“回馈”相

---

① Kolb（1984）的经验学习理论，即通过四个阶段的经验学习圈来获得实务智慧，包括：具体的经验、反思的观察、抽象的概念化、主动的实践。

结合的技巧，让小张思考社区居委会主任的职责和功能，让他理解不同利益相关人的角色、关系与自己马上作出此判断的价值预设。待小张能够基本理解不同系统的脉络情况后，老李进一步提问：“虽然表面看起来是上面压下来的工作，有没有可能融入专业目标呢?”“你过去有没有类似上面压下来工作的经验？当时是如何应对的？从这些经验中学习到了什么?”小张谈及：上次居委会临时让他布置社区宣传栏，一开始觉得很烦，后来其融入了社会工作的宣传，觉得有一定的效果。经过老李的引导和提醒，小张恍然大悟，正好可以利用这次入户宣传的平台到低保家庭中家访和主动找到有需求的潜在个案。

最后，老李把握时机，通过“提出工作要求”与“部分化受督导者的关注”的技巧，建议小张调整近期工作安排，并与小张一同讨论低保家庭家访计划以及近期的操作计划。同时，发挥支持和协调功能，一方面考虑小张的工作压力，与小张一起筹备座谈会和家访计划；另一方面表示会跟社区居委会沟通，提出在文明城市宣传的契机中作低保户家访的计划。

会谈后，小张觉得自己的心声被听到了，老李不仅能够理解他，还能给他切实有效的支持，能够讨论到他关心的议题，拓展了他的视野，同时反思自己的经验与价值观。

三、案例与本土化反思

（一）督导技巧使用的本土契合性

互动模式的核心是根据督导阶段的发展与情境议题，选择合适的督导技巧予以使用，通过督导者与受督导者的互动来达到督导效能。然而，张威（2015）指出，中国内地社会工作督导发展方向：脱离中国的行政管理体系、等级观念、面子文化、人际关系模式谈论如何督导，是没有任何意义的[①]。由于中国内地社会工作发展处于初期阶段，受中华传统文化与行

① 张威．社会工作督导的理论与实践分析：国际发展与国内现状［J］．社会工作，2015（3）：9－21.

政文化脉络与社会工作服务环境等影响，如何在西方意义上的临床督导、行政性督导以及中国的行政管理和文化氛围三者之间找到一个融合性的“中间状态”，非常需要实务场域中本土督导经验的整理与提炼。因此，需要“情境化”与“本土化”地分析督导技巧的适切性，包括：

1. 技巧的融合性使用

督导技巧并非一定按照督导历程阶段在每个阶段使用，如上述案例所示，在每个督导阶段都有不同的督导议题，不同的督导议题都可能会融合使用不同的技巧。因此，督导者需要结合情境脉络来分析不同技巧的适切性，并通过提升督导能力与建立和谐的督导关系，切换督导技巧和最大化督导效能。

2. 技巧的本土适切性

受中华传统文化的“和谐”“畏惧权威”“给面子”等影响，一是要注意使用“面质”技巧所造成的影响；二是受督导者很难表达对督导者不一致的想法或建议等督导关系的权力议题；三是讨论性、私人感情等议题是十分敏感的；四是中华传统文化的“关系”不同于西方社会的“契约关系”，对书面契约或正式谈判的方式可能存在一定的抵触，对此，督导者可以通过拟订《受督导者个人成长计划》与《工作计划》等方式来进行技巧调整；五是督导关系的特质呈现着“个人关系”与“工作关系”的“混合性关系”状态，督导者在督导进程中需要对关系界限与调控进行把握（Tsui，2003①；Tsui et al.，2005②）。

（二）督导功能的联结中发挥督导技巧

督导者针对不同的利益相关者有不同的督导目标和责信，这造成了督导过程中的督导功能紧张与抉择状态，包括：“冲突”“妥协”“相互联

---

① Tsui，M. S. The Supervisory Relationship of Chinese Social Workers in Hong Kong [J]. Clinical Supervisor，2004，22（2）：99－120.

② Tsui，M. S.，Ho，W. S.，Lan，C. M. The Use of Supervisory Authority in Chinese Cultural Context [J]. Administration in Social Work，2005，29（4）：51－68.

结"[①]。比如上述案例情境三所示的情况，督导者老李需要进行抉择：一是支持社区居委会与机构的利益，坚持将居委会的工作安排给小张，进而造成“冲突”；二是倾听小张的心声并同理他的处境，也支持他坚持原则而不配合居委会工作的做法，进而造成“妥协”；三是如案例所示的做法——老李通过联结系统脉络，并综合运用督导技巧而达成督导功能的平衡。这种“联结”不仅平衡了不同利益相关者的关系与督导角色和功能，更将督导会谈作为促进督导者和受督导者共同批判反思的机会，建构与创造新的“共识”（co－vision）。

本章小结

互动模式作为一种目前被广泛使用且十分有效的督导模式，它着重描述了在不同的督导发展阶段以及督导情境系统脉络之下，督导者可以发挥的督导技巧，以此来促进受督导者发展实务能力，并运用“系统观”的思考来采取行动。本章首先介绍了该模式的理论背景，包括：“实用主义”与“系统观”方法论视角，关于督导工作的领域与功能的观点，由此发展的理论假设以及该模式的评价；其次，介绍了在督导发展的预备、开始、工作以及结束阶段可以运用的各种督导技巧，并强调了技巧选择的情境性；最后，本章通过案例讨论对在不同的情境脉络中使用督导技巧作了说明与示范，并提出本土化反思与建议，包括：技巧使用的本土契合性、在督导功能的联结中发挥督导技巧等。无论在任何情境与督导阶段下使用何种督导技巧，督导者和受督导者都需要谨记两方面原则：一是良好的督导关系是督导技巧使用的基础以及督导成效的保障；二是时刻注意不断地批判反思的重要性，保持一系列的敏感度，在理论与实务的联结中思考督导技巧使用的情境与改良。

---

① Davys A, Beddoe L. 社工督导：理论与实务［M］. 曾焕裕，刘晓春，译. 台北：洪叶文化事业有限公司，2016：20－22.

第四章　社会工作督导的反思学习模式

在专业实践过程中，社会工作者常常强调在理论框架的指导下开展工作，但实际上更重要的是，对实践活动进行反思，厘清自己所做的工作，包括怎么做、为什么这样做以及这样做的效果在哪里等。这种反思学习模式要求社会工作者从自己的经验中学习，强调只有通过反思能力的提升才能帮助社会工作者更好地理解实践场景中的具体要求。因此，督导的重点也就集中在如何协助社会工作者对自身的经验进行反思。本章将重点介绍督导中常用的反思学习督导模式（Reflective Learning Model for Supervision）的历史演变、基本内容以及实践应用等不同的方面。

第一节　反思学习模式的历史演变

一、反思学习模式的缘起

随着社会的发展，在政策、组织环境以及社会环境等多重因素的影响下，社会工作督导的实践也在不断发生变化，在不同的时期表现出不同的形式，但是其核心依旧是对当时占主流的社会工作实践模式进行回应[①]。例如，在社会工作专业化的早期，学徒制就成为当时主导的督导模式；到了20世纪二三十年代，治疗模式占据了上风，它注重督导过程中治疗关系的培养；进入七八十年代，任务中心督导模式成了主流；在20世纪的最后十年中，由于受新管理主义浪潮的影响，督导的形式开始转向对风险和效率的管控[②]；从20世纪末期开始，反思性实践受到越来越多的社会工作者的关注，他们认为当代社会变化速度之快、议题之多以及考虑到需求与问题的复杂性，使得社会工作者始终处在寻找最优实践的过程中，而不是掌握了“怎样做”的正确答案的提供者[③]。

尽管在一些情况下，依据现有的理论和模式能够满足服务对象的需求，但是作为社会工作者，如果一直沿用惯例开展服务，显然是不够的，甚至可能遭受挫败。实际生活中的不确定性和变动性常常需要社会工作者制定新的行动策略，以便有效应对专业实践中出现的新情况。这个时候，社会工作者就需要借助反思来审视自己的经验，从自己的经验中找到有用的线索，重新组合专业知识，保证服务能够贴近服务对象的需要。实际上，反思往往与具体的实践经验相联系，是“为发展自我和实践的洞察力，将有关特定经验的感知、观念、直觉和思维进行融合”[④]。因此，反思取向的实践往往聚焦于个人的整体经验，它是有关个人的认知、感觉、意义和视角等不同方面的解释，有助于社会工作者在一些不确定的实践处境中发现新的知识。它不仅涉及个人在行动中的自主性（self - in - action），同时还涉及个人对自己所知、所做以及为何要做的自觉意识。

---

① Brashears, F. Supervision as Social Work Practice: A Reconceptualization. Social Work, 1995, 40 (5): 692 - 699.

② Davys, A. “A Reflective Learning Process for Supervision.” In L. Beddoe and J. Worrall (Eds) Supervision: From Rhetoric to Reality. Auckland: Auckland College of Education, 2001: 87.

③ Howe, D. A Brief Introduction to Social Work Theory. Basingstoke: Palgrave Macmillan. 2009: 197, 205 - 206.

④ Johns, C., Freshwater, D. (Eds). Transforming Nursing Through Reflective Practice. New Jersey: Wiley - Blackwell, 2005: 12.

个人的信念和价值观对个人的所知、所感有重要的作用，它不仅影响个人选取什么样的经验进行反思，而且也影响反思的过程和结果①。实际上，个人的知觉反过来也会对个人的信念和价值观起强化作用，那些不符合个人信念和价值观念的事件，很可能被排除在个人的意识之外②。也就是说，每个人所具有的知识都不可能是全面的，其对事件的认知也不可能是全面的，而每个人的思考过程因为受到认知局限性的影响也不可能是彻底的。因此，在督导过程中，培养和发展社会工作者的反思能力就变得尤为重要，它能够激发社会工作者对自己在服务过程中所遭遇的事件进行反思。显然，那些能够增进反思的督导可以帮助社会工作者发展出自我审视的批判意识，有助于加深社会工作者对自己以及服务对象的了解。

在对当代反思导向实践经验进行整理的基础上，澳大利亚学者 Allyson Davys 在 2001 年提出了社会工作督导的反思学习模式（Davys，2001；Davys & Beddoe，2009；Davys & Beddoe，2010），而且还将这一模式应用到新西兰奥克兰大学的多专业督导教学中。

二、反思学习模式的理论基础

反思学习模式其实是反思实践与经验学习两者的结合，它的关键在于使用和发挥个人的经验③。反思实践与经验学习并不是两个相互独立的过程。在 20 世纪 30 年代，杜威（Dewey）在教育哲学观的讨论中对此作出了论述。他认为，人无法直接经历和亲身感觉概念的存在，而且概念体系也不是直接自明的知识，所以高度抽象的概念和理论只有还原到生活的经验中，才容易被人们所理解。因此，杜威主张“生活即学习”，即“做中

---

① Butler，J. Professional development：Practice as text，reflection as process，and self as locus. Australian Journal of Education 1996，40（3）：275.

② Butler，J. Professional development：Practice as text，reflection as process，and self as locus. Australian Journal of Education 1996，40（3）：275.

③ Morrison，T. Staff supervision in Social Care：Making a real difference for staff and service users. Brighton：Pavilion. 2001：57.

学”，把经验转换为知识、技巧和态度，并且通过反思与行动，个体与情境之间的互动才能够将经验意义化①。这种经验学习（Experiential learning）的过程包含以下五个方面的要求：第一，学习者是学习过程的参与者，不是旁观者；第二，学习动机需要激发，以增强学习者的主动性、参与性和责任感；第三，这种学习是一种生活中的学习，真实、有意义，而且对学习者发挥着潜移默化的作用；第四，学习者的反思内省是学习过程的关键要素，不可或缺；第五，学习过程必须与学习者以及其所处的社会环境的现状和未来相关联②。可见，在经验学习过程中，活动只是媒介，成员的经验和反思才是关注的焦点。杜威指出，一个完整的反思学习过程应该是“从一开始时的迷茫、困惑甚至混乱的状态直到结束时出现了一个明确、统一的局面，而且相关问题得到了有效解决”③。

Donald Schon（1998）是反思性教育的倡导者，他认为，像社会工作者、教师等这些需要面对不同人群和复杂多变情景的专业人士，需要一种反思实践。如果只掌握技术理性（technical rationality），显然是不够的。对于这类专业人士来说，理论可以为人们日常生活中的行为提供指导，但是无法告诉人们具体应该怎么做。当出现一些新的、复杂的事情时，意味着原有的理论需要在实践过程中加以修正和发展。也就是说，理论需要在实践中不断发展，它们永远无法涵盖一切④。因此，作为“反思性的实践者”（reflective practitioner），社会工作者需要了解、使用现有理论的合适情景和时间，学习对情境和理论进行反思，以便进一步发展理论。其实，所谓反思，是“与情境的反思性对话（reflective conversation）”。作为反思性的

---

① 曾华源．社会团体工作［M］．台北：红叶文化事业发展公司，2000：308.

② 曾华源．社会团体工作［M］．台北：红叶文化事业发展公司，2000：309－310.

③ Dewey，J. “Analysis of reflective thinking.” How We Think（1933）. In L. A. Hickman and T. M. Alexandra（Eds）The Essential Dewey，Ethics，Logic，Psychology，Bloomington，IN：Indiana University Press，1998，（vol. 2），139.

④ Payne，M. Social Work Theories and Reflective Practice. In Adams，R.，Dominelli，L.，and Payne，M.（Eds.）Social Work：Themes，Issues and Critical Debates. Basingstoke：Palgrave，1998：122－123.

实践者，需要“在行动中反思”（reflection in action）和“对行动反思”（reflection on action）[①]。“在行动中反思”是指社会工作者在开展社会工作的服务过程中有意识地对行动的情境进行评价和思考，以便寻找有效的应对方法；“对行动反思”是指社会工作者在行动之后对行动进行思考、分析和评价，以便找到有效的应对行动。这两种形式的行动反思都可以增进社会工作者对实践的理解，促进新的实践知识的产生。显然，督导就是一种“对行动反思”，表现为受督导者通过将督导过程中产生的知识和理解内化为自己专业实践知识的一部分，从而为“在行动中反思”提供基础[②]。

David Kolb（1984）在总结了杜威等人有关经验学习观点的基础上，提出了自己的经验学习模式——经验学习圈理论。这一理论认为，学习是“通过经验转化、创造知识的过程”，一个完整的学习过程需要历经具体经验（concrete experience）、反思（reflection）、抽象化概念（abstract conceptualization）和主动实验（active experimentation）等四个阶段，而且这四个阶段是一个循环往复的过程，其起点与终点都是“经验”[③]。一些学者注意到了经验学习对督导实践的价值，将督导过程与经验学习圈理论进行结合。如有学者在库伯的经验学习圈理论基础上增加了“是什么（what）、如何（so what）以及现在做什么（now what）”三个步骤；也有学者将这一模式应用于督导过程中，指出督导是通过“活动—反思—学习—应用”（Activity - Reflection - Learning and Application）等四个阶段的循环过程来实现的[④]。

---

① Payne, M. Social Work Theories and Reflective Practice. In Adams, R., Dominelli, L., and Payne, M. (Eds.) Social Work: Themes, Issues and Critical Debates. Basingstoke: Palgrave, 1998: 125.

② Davys, A. “A Reflective Learning Process for Supervision.” In L. Beddoe and J. Worrall (Eds) Supervision: From Rhetoric to Reality. Auckland: Auckland College of Education, 2001: 87.

③ Kolb D A. Experiential Learning: Experience as the Source of Learning and Development [M]. Englewood Cliffs, NJ, Prentice Hall, 1984: 38.

④ Davys, A. Beddoe, L. Best Practice in Professional Supervision: A Guide for the Helping Professions. Lodon: Jessica Kingsley Publishers, 2010: 46.

三、反思学习模式的理论假设

反思学习模式的理论假设就是建立在上述所讨论的理论基础上的，它是关于反思学习模式中的督导是什么以及应该做什么的概括性描述。具体来说，反思学习模式的理论假设涉及以下 4 个方面[①]：

第一，督导是一个“学习过程”，是帮助受督导者从经验中寻找问题解决办法和新的理解的过程，它借助的主要学习工具是反思。

第二，知识和智慧并非由督导者提供，而是来自受督导者自身拥有的经验。

第三，思维与场景是相互关联、互为影响的，督导者需要以整体性的视角来理解社会工作者在日常服务中遇到的复杂情况，学会聚焦整体的经验。

第四，督导者需要做的“是促进受督导者思考方式的改变，而不是直接为受督导者提供一个可以‘做’的蓝本”。

第二节　反思学习模式的基本内容

许多督导模式提供的仅仅是督导发展阶段理论框架的描述或者督导理论（和治疗）过程和技巧的阐述，很少为初级督导者提供一个从开始到结束的指引框架[②]。而反思学习模式提供的就是这样一种指引框架，从督导开始时的“问候”，到结束时的“告别”，它详细描述了督导的具体操作过程以及每一具体过程中的督导内容，以保证督导者（哪怕是初级督导者）能够应用这一模式。

---

① Davys, A. Beddoe, L. Best Practice in Professional Supervision: A Guide for the Helping Professions. Lodon: Jessica Kingsley Publishers, 2010: 44 - 45.

② Davys, A., Beddoe, L. The Reflective Learning Model: Supervision of Social Work Students. Social Work Education, 2009, 28 (8): 923.

总体来看，反思学习模式的督导过程像一个“三明治”，由三个阶段构成——开始期、循环期、结束期（见图4－1）。其中，循环期是整个督导阶段的核心，它是协助受督导者完成反思学习的具体过程，而每一次反思学习的循环需要经历循环期的“事件（The Event）—探索（Exploration）—实验（Experimentation）—评估（Evaluation）”四个步骤。尽管循环期是反思学习模式的核心，但是不能忽略开始期和结束期对督导实践产生的影响。

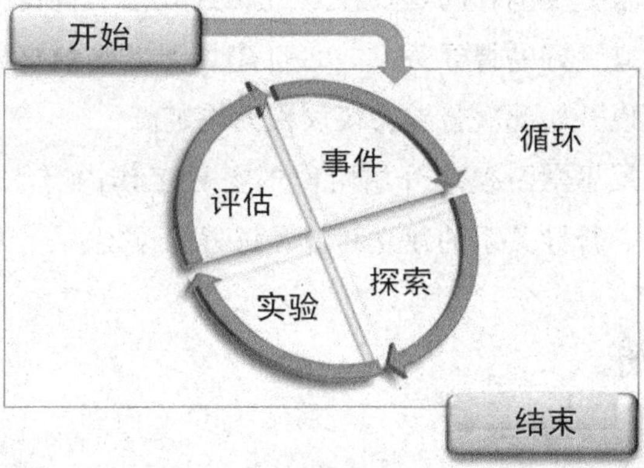

图4－1　反思学习模式督导过程概要

一、开始期

在当今追求高效率的时代，很多机构督导常常忽视督导会议开始阶段的准备工作，而是“直入主题”。这样做虽然看起来似乎更高效，但是实际上开始阶段是督导过程中不可忽视或者随意省略的阶段，它具有非常重要的作用，能够帮助督导者与社会工作者建立信任关系，创造良好的督导氛围，而信任的督导关系和安全的督导氛围是保证社会工作者充分表达真实的自我感受的前提。同时，开始期也是社会工作者暂时放下其他事宜、专注于督导会议的一个过渡和引导。

督导的开始期通常要早于督导者与受督导者的正式见面，因为不论是督导者还是受督导者，都需要为督导会议做一些准备工作。就督导者来说，他需要回顾前一次督导会议的情况和本次督导会议的安排事项，以及对本次督导会议所做的准备工作。此外，督导者还需要从正在做的任务中抽出身来，专注于即将开始的督导会议。受督导者也一样，也需要做一些相应的准备工作，包括时间的安排、相关资料的准备以及心态的调整等。

当督导者与受督导者进入正式面谈时，督导者可以通过一般的问候开始督导的过程。作为“开场白”的问候内容有很多不同的形式，但是不论采用什么形式，最主要的目的是要让双方感到放松、自在，创造一种舒适的氛围，以便建立良好的督导关系。一旦建立了良好的督导关系，督导者与受督导者就可以开始此次督导会议议程的设定。

简而言之，反思学习模式开始阶段的督导工作内容主要包括三部分：督导会议的准备、督导关系的建立和督导议程的设定。

二、循环期

开始阶段的督导工作完成之后，督导过程就进入了循环期。在这个阶段，反思学习就成了主要任务。具体而言，它包括四个步骤：事件、探索、实验和评估。需要注意的是，这四个步骤的推进并不是线性的，而是循环的。为了顺利解决设定的议题，督导者需要与受督导者一起不时地就督导的内容进行回顾，巩固不同步骤所学的督导内容。

在这四个步骤中，“事件—探索（探索影响、意义探索）—实验”这三个步骤借鉴了库伯的经验学习的逻辑，它们对应着库伯提出的“经验觉知、反思、概念化和实验”四个步骤的学习过程。通过这样的经验学习，受督导者就能够从已经或者正在发生的事件中获得新的知识和新的理解。在库伯的经验学习的基础上，反思学习模式还增加了评估这一步骤，以帮助受督导者检测反思学习过程的成效。接下来围绕反思学习过程来介绍这四个步骤之间的关系以及督导的任务和基本内容。

（一）事件

在反思学习的开始阶段，督导的主要任务是确认督导议程安排事项的处理顺序和希望达成的督导目标。督导者和受督导者首先需要明确在开始阶段设定的各种事项以及每个事项的优先处理顺序，以帮助受督导者明了自己从这次督导中到底希望获得什么。明确了督导议题的优先顺序后，督导者和受督导者还需要设定此次督导的目标。只有明确了督导的任务和目标，才能推动督导者和受督导者在督导过程中投入到当下的议题中，避免问题的重复处理或者陷入看似紧急其实并不重要的细节之中。

受督导者带到督导会议中的事项和问题通常不止一个，而是有很多个，而且也会比较复杂，因此，督导者需要协助受督导者明确此次督导中需要解决的最重要的事项。督导者可以通过提问来引导受督导者对自己提出的事项和问题背后的深层原因进行思考，如：为什么希望讨论这个事项？通过这个事项的讨论想要解决什么问题？等等。通常情况下，督导者需要协助受督导者回顾与议题事项相关的“事件”。这里所说的“事件”是指在督导之前已经发生而且让受督导者感到困惑不解的事情和经历，这些事情和经历通常已经明显影响受督导者的日常生活或者工作安排。当然，受督导者对事件的回顾方式有很多，可以是画画，也可以运用影像的方式，但是最常见的是“讲故事”（telling the story）。通过故事的讲述可以再次唤醒受督导者在当时情境中产生的想法和情感，不过，如果双方太把自己的情感投入到这个故事中，就会使督导过程失去方向和焦点。因此，督导者在倾听受督导者的故事时需要把控好讲述的范围和节奏，既要保证受督导者围绕想解决的问题来描述事件的情况，确认这一事项是值得此次督导来讨论的，又要引导受督导者从整体的视角来理解事件的变化，避免陷入事件细节的“沼泽”之中。

在这一阶段，督导者扮演着守卫者的角色，需要把握目标的边界，即在倾听受督导者的故事讲述时需要始终关注本次督导的目标，如果发现回顾的细节已经偏离了本次督导的议题，就需要及时与受督导者澄清这段“故事”是否与本次督导议题相关。当然，在事件的回顾过程中，有时也会发现有很多其他重要的议题可以探讨，虽然这些议题有助于扩展受督导者的视野，但是在督导过程中同时扩展多个议题这样的做法是不利于开展督导工作的，因为受督导者很难把注意力集中在当下最重要的议题上，督导的过程也会因此变得松散。就督导者来说，其需要具备一种能力，能够在督导过程中快速识别与问题相关的议题。

确定了此次督导的事项顺序和期望达成的目标之后，督导的过程就进入到下一阶段——探索。

（二）探索

探索是督导者与受督导者一起学习、反思以及寻找答案的过程。在这一步骤中，督导者和受督导者通过对经验的反思和概念化的过程，从新的角度来理解这一事件和经验给受督导者带来的影响，并进而从宏观的层面探索与这一事件和经验相关的实践场景、政策环境和社会影响等，让受督导者看到先前认知存在的误差。通过探索，督导者就能够推动受督导者产生新的理解和作出新的决定。当然这需要督导者协助受督导者对事件和经验进行反思和探究，重新审视与事件和经验相关的情境问题，包括对一系列可能解决方案的筛查以及相关情境中的角色定位。

在与受督导者一起探索的过程中，督导者主要通过参与、倾听、澄清以及对情境的分析来协助受督导者发现问题的解决办法。不过，有一些督导者习惯在督导过程中会直接给予问题解决的答案或者建议，这样做看上去似乎效率很高，但是实际上会弱化受督导者的能力，妨碍受督导者独立思考和寻找问题解决的办法。当然，在督导过程中，督导者可以分享自己对事件的看法和经验，但是需要把握分寸，避免给受督导者产生负面的影响，妨碍受督导者能力的提升。因此，这一督导模式反对督导者过早或者过多地给出自己的建议和指导，而需要通过受督导者的讲述，引导受督导者从自己的实践经验中发现之前所忽略的重要东西。也就是说，这一督导模式不是强调从督导者的经验中去寻找问题解决的方法，而是从受督导者的经验中探寻问题解决的可能路径。

在专业实践中受督导者经常会面临自己观点与他人观点之间的碰撞，正是在这种不同观点的相互影响过程中，受督导者才能够学习如何保持两者之间的平衡，维护专业的自我，这一过程也是受督导者理解服务对象的需求和开展专业服务的关键。因此，受督导者需要在专业实践中不断从自身的经验中学习，学会平衡个人的情绪和认知，避免相互冲突。就督导者而言，在探索的过程中需要鼓励受督导者从两个不同的角度审视自己目前面临的问题：一个是从个人观点出发，探索个人的经验对个人生活的影响（Impact）；一个是从分析视角出发，通过更广泛的考察探索外部事实对个人生活产生的意义（Implication），即从更宏观视角探索外部环境对于事件的影响。正是借助影响和意义的探索这两个具体的步骤，受督导者才能在反思学习中学会如何反思（reflection）和概念化（conceptualization）。

1. 影响探索

在影响探索的过程中，督导者需要引导受督导者对当时情境中的个人感受进行考察，学会注意识别自己是如何受到情境的影响的以及自己又是如何影响情境的，包括受督导者的情绪、感受、态度和直觉等，都在探讨考察的范围内（Davys&Beddoe，2010）。针对这些个人影响的探讨，能够促使受督导者通过事件思考当时场景中到底发生了什么、自己了解了多少以及还有什么是自己不了解的。这样做不仅能够让受督导者表达出自己在工作中的情绪变化，而且它也是一个让受督导者发现自己和探索未知的过程。

不过，需要注意的是，对个人影响的探索不只是感受观念层面的，督导者还需要鼓励受督导者找出那些阻碍服务有效开展的行为模式以及过去经验中存在的阻碍。当受督导者在督导者的引导下理解了当时情境中的自我感受和行为表现以及它们与情境的相互影响之后，整个督导过程就进入到经验意义的探索。

2. 意义探索

为了促进受督导者个人的成长和专业能力的发展，保证社会工作专业服务的品质，督导者在督导过程中只是引导受督导者对个人影响进行探索是远远不够的，还需要把受督导者的个人角色放回到专业角色的脉络里进行理解，以实现个人角色与专业角色的整合①。显然，这就需要督

① Van Kessel, K. and Haan, D. The Dutch concept of supervision: Its essential characteristics as a conceptual framework. The Clinical Supervisor, 1993, 11 (1): 5-27.

导者从更广泛的视角出发，引导受督导者从专业实践的脉络以及社会、政治、文化等宏观背景中对督导议题进行思考。因此，这一部分的探索既涉及对专业伦理价值、理论和实践知识、服务规范和准则等不同专业实践方面的考察，同时也涉及对社会文化、政治和法律等宏观环境影响因素的分析。

通过意义的探索，受督导者会对现有的专业价值、理论假设和实践知识作出新的判断，并且还会对当前应用的理论知识与专业实践的契合度进行审视。这样的探索能够帮助受督导者发现自己需要学习的知识、技能和方法，促进受督导者自我学习能力的提升。当然，在意义探索过程中督导者可以分享自己的经验和知识，但是需要注意的是，督导者的分享仅限于拓宽受督导者的视野、打开受督导者的思路，以帮助受督导者发现问题的解决办法，而不是直接指导受督导者如何行动。

一旦受督导者完成了探索的任务，督导也就进入了实验的阶段。

（三）实验

实验是对受督导者在前一阶段拟订的行动计划或者解决方案在实践中的可行性进行考察。通常情况下，这种可行性的考察需要从两个方面着手：一是对方案的合理性进行分析；二是对受督导者的能力和信心进行考察。就方案的合理性而言，督导者需要协助受督导者对之前拟订的方案进行考察，考察的内容包括：该方案可能带来的风险和后果、实施中可能面临的阻碍、实施过程中所需要的资源以及备选方案的完成情况等。而对受督导者的能力和信心的考察涉及以下四个方面：受督导者是否具备方案实施所需要的知识和技能、方案的实施过程中是否有机会运用新学到的知识和技能、方案的实施安排是否有利于实务技能的转换和提升以及受督导者是否对方案的实施充满信心。需要注意的是，不论解决方案设计得多么完美，在现实情境中任何人都会遭遇意外的事件，特别是在复杂的专业服务中，情况更是如此。这就要求受督导者在实施方案之前就做好心理准备，以便在方案实施过程中即使遇到意外的事件也能够保持积极的心态，不至于惊慌失措。

对于实务经验比较丰富的受督导者，督导的焦点通常集中在经验的反思上，通过对自己的实务经验的梳理，受督导者就能够从中获得启发，形成新的理解和解释，而不一定关注具体行动方案的形成。即使针对这样的受督导者，督导者也需要引导受督导者将新想法与实际的专业服务结合起来，考察受督导者是否有能力进一步拓展现有的实务，创造他人可以学习的新的实践知识。

不论是对行动方案的考察还是对新的领悟的分析，受督导者通常会发现自己知识储备的不足，感受到所需要的知识与现有知识之间的差距。面对这样的情况，督导者可以先让受督导者把这些知识的差距记录下来，然后再协助受督导者找出弥补这些知识差距的可能方法和途径，规划未来需要的培训，以便在之后的工作中有意识地弥补这些知识差距。

（四）评估

循环期的"评估"不是指督导会议结束时的评估，而是针对循环期开始时所确定的议题是否顺利完成的评估。当一个议题完成之后，经过评估就可以按照顺序进入第二个议题的讨论。

在评估中，督导者需要与受督导者一起对特定议题的讨论结果进行回顾，这样的回顾常常会涉及受督导者专业实践经历和专业学习经验的分享。因此，督导者需要借助这样的机会鼓励受督导者对自己的学习方法和学习经验进行描述和总结，让受督导者看到学习本身对于个人成长和专业成长的重要性。当然，在这个过程中督导者也需要对受督导者的学习方法和学习经验进行反思，及时给予受督导者积极的反馈。

三、结束期

当开始阶段的督导议程安排得到妥善处理之后，督导过程也就进入了尾声，即督导的结束期。如果说良好的开端开启了督导的学习过程，那么良好的结尾将有助于受督导者在督导以外的环境中保持学习的习惯。实际上，结束期给督导者和受督导者一个回顾的机会，让他们有机会重新对督导会议的安排程序和讨论内容作一个全面的审视。在审视过程中，督导双方可以就督导参与的过程、督导时间的把控以及督导使用的技术等不同方面进行交流。在这一阶段还有另一项重要任务，就是对督导关系进行评估，以帮助督导双方调整督导的关系，促进个人的成长。此外，在这一阶段还需要拟定下一次督导会议的任务、时间安排和大致议题。

通过本节的介绍我们可以发现，反思学习模式提出的督导结构是一个完整的督导会议的程序安排。虽然每次督导会议需要探讨和学习的议题有所不同，但是这一模式为我们提供了一个可以操作的、完整的通用督导框架。该模式的代表人物 Allyson Davys 和 Liz Beddoe 还将各个阶段的督导内容和任务整合到反思学习模式的结构中（见表 4 - 1），以便督导者能够迅速掌握其中的逻辑框架。下一节我们将结合具体的案例介绍反思学习模式的具体实践技巧，为实务工作者提供参考。

第三节　反思学习模式的实践应用

一、反思学习模式督导技巧

当督导被视为一个反思学习的过程时，督导者也就从专家角色转变成协助者和共同探索者的角色，督导者不再是问题的解决者，而是确保受督导者的学习空间和环境并且与受督导者一起共同参与学习和讨论过程的协助者。显然，在反思学习模式的督导中，受督导者是整个督导过程的中心，负责问题的确定和解决方案的寻找。而督导者只是协助者，主要发挥着推动受督导者进行反思学习并且鼓励和引导受督导者开展探索的作用。因此，督导者在运用反思学习模式来开展督导工作时，需要清楚每一阶段的具体任务和技术要求。只有这样，才能在督导过程中顺利推动受督导者开展反思学习。

在反思学习模式中，督导者时时刻刻都需要保持专注，用心倾听受督导者的故事表达，这是督导者投入当下的督导过程并且与受督导者一起寻找问题解决答案的要求，也是督导者理解受督导者的感受和想法并且能够给予积极回应的关键。只有投入到受督导者的经验探索中，才能够帮助受督导者澄清问题，延伸问题的探索。正如 Davys 和 Beddoe（2000）所言："有效的督导是通过恰当时机的提问、反思过程的运用以及学习循环的倡导……让实务工作者在开展专业服务的同时，还能对服务的过程与未来的方式进行反思，促进专业服务的不断提升。"①

在督导过程中，开放式的提问是推动反思学习的有效手段。通常来说，开放式提问包括对谁、做什么、在哪里做、如何做以及为什么这样做的询问。为了促进受督导者对自己的实务经验进行探究，督导者需要对提问的框架和时机有比较好的把握。例如，提问"为什么这样做"时，虽然这种提问是常用的开放式提问的方式，但是在督导过程中，这样的提问常常用来作为澄清或者质疑的手段，如果使用太频繁，就容易给受督导者造成不被信任的感觉，不利于督导关系的建立。

在运用反思学习模式督导时，可以从行动、知识和想法、自我觉察和感受三个方面进行聚焦，这也符合反思学习循环的逻辑。不过，需要注意的是，在不同的步骤，虽然参考的聚焦点可以分为以上三类，但是提问的层次仍然是有所差异的。如在事件提问的步骤，主要围绕受督导者做了什么、有什么想法、有什么感想等，这时的提问停留在"知识和想法"的层面。而在探索提问的步骤，督导者就要更深入一步，通过提问促进受督导者对这些知识和想法进行反思和探索，这时的问题需要加入一些时间元素或者对比元素，如"当时那种情况让你感觉到是什么？现在你对这种情况又会如何感觉？"在这一步骤，也可以给出一些设想性的问题。例如，"如果不考虑后果，你现在最想做的或者最想说的是什么？如果你是服务对象，你会在意些什么？"让受督导者跳出当下的限制直接面对其所期望的"现实"，这样做有助于受督导者发现之前自己没有注意到的情绪、感受、事件的变化，也有助于受督导者探索导致当下差异的原因所在。通过这样的开放式提问，促进受督导者对过去、现在以及未来相关问题进行思考，

① Davys, A. and Beddoe, L. Supervision of Students: A Map and a model for the decade to come. Social Work Education, 2000, 19 (5): 449.

帮助受督导者从过去经验中察觉到新的发现，从而影响现在的感受和观点，并由此进一步带动未来行动策略的改变。

虽然反思学习模式的督导特别强调开放式提问以及倾听和专注，但是这并不是说这种督导模式就不需要其他的督导技能。正如这种督导模式所提倡的“督导是一个学习过程”一样，督导者在督导中运用的技巧也是需要通过不断的经验积累、反思学习而逐渐融入具体的督导实践中的。因此，不论对于督导者还是受督导者而言，督导都是一个将经验转化为知识和理解，然后再将知识和理解转化为经验的双向交流过程。不过，对于新入职的督导者来说，具体的指引性框架将有助于他们开展尝试和探索。Davys 和 Beddoe 总结了反思学习模式各个步骤常用的督导技巧及问题清单（见表4－1），以便为实践者提供具体的指导。

表4－1　反思学习模式督导技巧与问题清单（Davys，A. &Beddoe，L.，2010）

阶段	常用技巧	问题清单
事件	倾听和专注 开放式提问 提供信息（最小化）	你今天最想谈的是什么？ 为什么想谈这个议题？ 你希望从哪里开始？ 对这个议题，你希望能从督导中获得什么？ 可以介绍一些这个事件的情况吗？
探索：影响	倾听和专注 开放式提问 回馈：确认和反思 重新架构（思维方式） 质疑	事情发生时你的感觉如何？ 现在你面对这个情况时感觉如何？ 曾经遇到过类似的情况吗？ 这次的情况与之前发生过的有什么不同？ 如果不考虑后果，你现在最想做或者最想说的是什么？ 你如何看待自己与这个人（或服务对象）的关系？ 你认为服务对象会如何看你？ 这个事情如何影响到你？ 你觉得你在这件事情上扮演了什么角色？ 这个事情中的哪个方面对你来说最具有挑战性？ 是什么阻止你/让你犹豫/让你忽略/让你逃避？

续表

阶段	常用技巧	问题清单
探索：意义	倾听和专注 开放式提问 回馈：确认、修正和反思 重新架构（思维方式） 质疑 提供信息 指导	之前发生类似事情时你做过些什么？有什么成效吗？ 你曾经考虑过……？ 关于……你知道些什么？ 这件事对你、服务对象、机构或其他人有什么影响吗？ 你从哪一个观点看待这件事？ 你介入的理论基础是什么？ 如果你是服务对象，你会在意什么？ 你觉得自己在哪些方面做得不错？ 这个服务对象有什么优势？ 你观察到服务对象发生了什么改变？ 你希望为服务对象带来哪些改变？ 你觉得服务对象的目标切合实际吗？ 哪些政策和程序对你的实务产生了影响？
实验	倾听和专注 开放式提问 回馈：确认、修正和反思 质疑 指导	你一开始会做什么？ 你什么时候要……？ 你会联系哪些人？ 你会如何讲述这件事？ 服务对象会有什么反应？你如何回应？ 是否考虑到遭受拒绝、否认甚至攻击的情况？ 出现这种情况，如何处理？ 你的计划可能会带来什么后果？ 需要什么资源？ 你学到了什么？ 如何测量结果或成效？ 你需要做哪些相关记录？
评估	倾听和专注 开放式提问 回馈：确认和反思	从督导开始到现在进展如何？ 针对这个议题我们作了哪些讨论？ 在一开始你如何衡量……？ 你现在如何衡量……？ 在督导过程中，出现了什么其他议题吗？ 你发现或学到了什么？ 你感觉如何？ 我们如何追踪和评估接下来的行动或安排？

二、案例与讨论

在督导过程中最让督导者困惑的是，当受督导者提出一个需要督导的问题时，如何启发和协助受督导者发现问题的解决答案。例如：一位刚工作不久的社会工作者需要组织一个健康保健类的老人小组，他找到机构的督导者，希望督导者能够给他一点小组如何开展工作的具体建议。面对这样的社会工作者，督导者既可以直接告诉社会工作者如何开展这样的健康保健类的老人小组，从如何设计健康保健类的小组计划、如何招募组员、如何开设小组活动等不同方面给予建议，也可以一步一步引导社会工作者寻找自己需要组织的健康保健类的老人小组。显然，第二种督导方式运用的才是反思学习督导模式。

针对反思学习督导模式，作为督导者，首先需要与社会工作者明确督导的“事件”，即什么事情让社会工作者提出督导的议题。依照这样的思路，督导者就可以引导社会工作者明确自己提出需要开设健康保健类老人小组的具体原因，如，“开设这样的小组，你希望首先了解什么?”或者“如果开设这样的小组，你觉得困难在哪里?”这样就可以将社会工作者的注意力从得到一个抽象的答案然后运用到自己的实践中，转向具体场景中遭遇的一个具体困难。

一旦社会工作者开始讲述自己在具体专业实践场景中遇到的困难，督导的过程也就进入到反思学习督导模式所说的探索步骤。这个时候，督导者的引导可以分为两种：一种是帮助社会工作者关注“事件”的影响，例如，督导者除了专注和倾听之外，可以运用开放式的问题询问社会工作者，“你组织的健康保健类老人小组有什么特点？与之前你组织的小组有什么差别?”“遇到这种之前没有做过的，你会怎么应对?”等，帮助社会工作者看清“事件”对自己的影响；另一种是协助社会工作者反思“事件”的意义，例如，督导者可以提问社会工作者，“这样安排有什么成效?这种成效对谁有利?”或者“如果你是服务对象，希望参加这种类型的健康保健类小组吗?”显然，通过这样的开放式提问，可以让社会工作者反思组织这种类型小组背后的价值，揭示“事件”所蕴含的意义。

经过“事件”的探索之后，督导过程就进入了“实验”环节。作为督导者，此时的重点是帮助社会工作者了解如何着手开始行动。例如，督导者可以抛出这样的问题，“如果组织这样的健康保健类老人小组，你觉得什么时候可以开始准备工作?”或者“开展这样的健康保健类老人小组，你觉得会遇到什么困难？一旦出现这样的困难，你有应对的办法吗?”正是借助这样的提问，社会工作者才能在督导者的影响下，不至于把督导过程中的反思和发现停留在观念的层面，而能够转化为具体的行动策略和方法。

另外，督导过程中一个容易忽视的环节就是评估。反思学习督导模式特别把这一步骤单独列举出来，要求督导者在与社会工作者探讨了“实验”之后，还需要就督导过程本身进行回顾，评估督导的成效。例如，督导者可以询问社会工作者，“经过督导，你现在再来看刚开始提出的如何组织健康保健类老人小组这个问题，有什么不同的看法和感受?”或者“如果让你组织健康保健类老人小组，你现在的信心与开始时相比有什么不同?”当然，在评估环节，督导者还可以与社会工作者一起寻找下一次督导的议题。

显然，反思学习督导模式为督导者提供了一个具有清晰逻辑框架而且可以操作的督导程序，使督导者与受督导者成为一种共同学习、一起成长的伙伴关系。

本章小结

督导是帮助社会工作者提升能力的主要方式之一，通过督导这个过程，督导者能够引导社会工作者对自己的专业实践工作进行反思，进而发展出新的实践知识和能力。有意识地反思自己的专业知识、探索个人经验与情境之间的关联是整个督导的关键所在。基于此，本章介绍了以反思实践和经验学习循环为基础的反思学习督导模式，首先从反思学习模式的历史发展入手，对反思学习的理论来源进行了梳理，介绍了反思学习模式的主要内容和实践应用技术，详细描述了反思学习模式的督导过程（开始期、循环期和结束期）以及反思学习循环的四个步骤（事件、探索、实验、评估）的不同焦点和任务。

第五章　社会工作督导的整全模式

随着社会工作督导实务和研究的不断发展，社会工作督导领域形成了多种模式并存的局面，如实务理论模式（Practice Theory as Model）、结构功能模式（Structural - Functional Model）、机构模式（Agency Model）、互动过程模式（Interactional Process Model）、女性主义伙伴模式（Feminist Partnership Model）等[①]。虽然这些模式的提出丰富了社会工作督导的研究，促成了所谓“督导丛林”（Supervisory Jungle）[②] 的出现，但它们也暴露出一些共性的问题：将督导视作嵌入到机构情景中的实践，注重对督导参与主体的“二元主体”（督导者与一线社会工作者）分析，忽略文化脉络对督导的多重影响。对此，我国香港学者徐明心（Ming - sum Tsui）提出了社会工作督导的整全模式（Comprehensive Model），这一模式考虑到了文化脉络对督导者、受督导者、服务机构和服务对象等多个主体以及对督导功能、督导关系与督导权威等方面的影响，从而回应了上述问题。通过在我国香港地区的经验研究，Tsui 将这一模式发展为文化敏感取向的整全社会工作督导模式。本章将对 Tsui 提出的整全模式进行简要介绍，并结合案例讨论、反思该模式的本土化应用。

---

① Tsui, M. S. Supervision Model in Social Work: From Nature to Culture. *Asian journal of counselling*, 2004, 11 (1): 7 - 17.

② Rich, P. The Form, Function, and Content of Clinical Supervision: An Integrated Model. *The Clinical Supervisor*, 1993, 11 (1): 137 - 178.

第一节　整全模式提出的背景

本节将主要介绍建构社会工作督导整全模式的社会文化背景、专业发展背景与学术研究背景。由于社会工作督导的整全模式是 Tsui 基于香港地区的社会工作督导实践提出的，其问题意识与研究对象都带有显著的“香港特色”，因此，在介绍该模式的社会文化背景与专业文化背景的部分，我们将聚焦于香港社会文化与专业发展的实际情况。

一、香港的社会文化背景

我国香港地区深受内地传统文化的影响，香港人的思想观念、价值取向和伦理道德是经由传统文化的影响塑造而成的，并且在长期的社会历史演变中保持比较稳定的状态①。虽然在鸦片战争之后，香港经历了一百多年的殖民统治，但正如陈冠中所言，“香港包括香港岛在成为殖民地的那刻，文化上并不是从零开始，而是带着中华文化进入到殖民地时期的”②。因此，即使遭遇了一百多年的殖民统治，香港仍然保留着我国传统文化的本色。香港与传统文化之间根深蒂固的关联性，对香港人的思维方式与行为逻辑一直具有深刻影响。那么，我国传统文化如何影响了人们的思维与行为呢？

立足于传统文化的深远影响，我国学界的主流观念认为中国是一个情理社会、人情社会、“乡土社会”或伦理本位的社会。虽然表述有所差异，但这些表述都指认了关系、人情与面子等深深地嵌入于中国人的观念与实践中。例如，在梁漱溟看来，中国社会是一个伦理本位的社会。他指出：

---

① 徐海波，冯庆想．香港人价值观变迁及其形态特征分析——以香港社会文化为切入点［J］．重庆科技学院学报（社会科学版），2014（10）：125－128.

② 陈冠中．我这一代香港人［M］．北京：中信出版社，2013：23.

伦理关系，始于家庭，而不止于家庭。何为伦理？伦理即伦偶之意，就是说人与人都在关系中……既在关系中生活，彼此间就发生情谊……伦理关系即是情谊关系，也即表示相互间的一种义务关系……在这种生活中发达了情理，而纪律不足①。

可以看出，伦理本位的社会是亲密关系的延伸，它看重人与人之间的关系纽带和情感联结，而非建基于理性计算之上的法理与直接利益交换。针对这一点，翟学伟作了更为详细的说明。他指出，中国社会是一种情理合一的社会，在这样的情理社会中，人们的办事和处世原则既不会偏向理性，也不会偏向非理性，而是希望在两者之间作出平衡和调和。而且，在此种社会中发生的人情面子也全然不同于西方人的类似心理和行为。中国语境下的人情不是为了追求利益的最大化，而是互换的最优化，其涉及许多非直接利益因素的考量。这并不是说人情完全不牵涉利益，中国人也常常热衷于人情的投资，只不过，在利益交换之外，中国人的人情还具有报恩的内涵。如此，人情既具有价值计算（理性）的一面，也具有情感性（非理性）的一面②。费孝通同样对中国社会的性质作了说明，他认为，从基层上看，中国社会是乡土性的。在乡土性社会中，人与人之间的关系是一种差序格局：以“己”为中心，像石子一般投入水中，和别人所联系成的社会关系，不是像团体中的分子一般大家立在一个平面上，而是像水的波纹一般，一圈圈推出去，愈推愈远，也愈推愈薄③。

显而易见，中国文化塑造了人们的思维方式与行为逻辑。社会工作实践与社会工作督导实践归根结底都是由人来完成的，因而文化对人们的思维与行为模式的塑造最终会传导给社会工作服务与社会工作督导的实践。在香港，由于受到中华传统文化的影响，人们的观念与行为也显现出情、缘与面子（face）等特点，这些观念与行为上的倾向最终还会影响到社会

① 梁漱溟．乡村建设理论［M］．北京：商务印书馆，2015：29.

② 翟学伟．人情、面子与权力的再生产——情理社会中的社会交换方式［J］．社会学研究，2004（5）：48－57.

③ 费孝通．乡土中国［M］．北京：北京出版社，2004：34.

工作督导中的督导关系[①]。因此，总的来说，正是香港受到中华传统文化的深远影响这一文化背景，形塑了香港社会工作督导实践的独特性，从而也使得强调文化脉络的整全模式得以被建构。

二、香港社会工作专业发展的背景

第二次世界大战之后，一些国际救助机构开始在香港设立办事处，作为一个受薪职业的社会工作在香港出现[②]。虽然在第二次世界大战之前，香港也存在社会服务机构，但无论是本土的还是外来的机构，都缺少职业意义上的社会工作者，而多是一些热心的志愿工作者。差不多同时，也就是在1949年中华人民共和国成立之后，由于各种原因，内地的一些资本家和技术劳工移民到了香港，为香港提供了充分的资本与劳动力，从而有力地促进了香港的工业化，并使其成为工业化中心[③]。工业化的发展及大量难民的涌入，使失业、卫生及居住环境恶劣、儿童失学等诸多社会问题开始在香港涌现出来[④]。为了回应这些社会问题，香港政府和非政府组织所从事的实际社会工作（practised social work）不得不承担起服务社区的责任。1958年，香港社会局改为香港社会福利署，专门负责救灾和济贫工作，同时承担保护妇女与儿童、调解家庭和邻里纠纷、为残疾人提供社会救助等工作，从而拓展了香港社会福利服务的领域[⑤]。之后，香港政府相继出台的社会福利白皮书（1965年、1973年）

---

① Tsui, M. S. The Supervisory Relationship of Chinese Social Workers in Hong Kong. *The Clinical Supervisor*, 2004, 22 (2): 99 - 120.

② Chow, N. W. Social work in Hong Kong: Western Practice in a Chinese context. China journal of social work, 2008, 1 (1): 23 - 35.

③ Tsui, M. S. *Towards a Culturally Sensitive Mode1of Social Work Supervision in Hong Kong*. Doctoral Dissertation, Faculty of Social Work, University of Toronto, 2001: 9.

④ 黄哲. 香港社会工作发展与历程［J］. 云南民族大学学报（哲学社会科学版），2009 (6): 16 - 20.

⑤ 倪勇. 香港社会工作的发展路径及启示［J］. 求索，2013 (12): 245 - 247.

极大地推动了香港专业社会工作的发展，并于20世纪七八十年代迎来了黄金时期①。

面对与工业化相伴随的社会问题，发展社会工作与社会福利似乎成为一种可行的策略，训练和培养社会工作人才也随之成为一项重要任务。在发展初期，我国香港的社会工作教育主要受到了北美和英国的影响。在社会工作培训与社会工作服务方面，社会工作实践者（social work practitioners）倾向于采借北美和英国的发展道路，从而造成以英美为主的西方社会工作教育对我国香港社会工作教育的主宰②。20世纪70年代以后，社会工作教育者开始整理香港本地的案例作为训练学生的教材；也有人对香港的社会政策文件详细分析，以引证或修改西方福利理论。到20世纪90代初，香港社会政策及社会工作实务书籍的出版已经蔚为鼎盛③。

然而，在香港社会工作60多年的发展历程中，社会工作督导者大多是在受英美教育模式影响的国家（如英国、美国、加拿大与澳大利亚等）接受的社会工作训练，这就导致香港的社会工作者接受的是在香港文化情景中的西方式社会工作督导。在这种背景下，香港的一些社会工作督导者在督导实务中遭遇了各种挫折，他们常常被受督导者批评为“任务导向”“没有人情味”或者持“放任自由”的态度④。由此可见，香港社会工作专业的发展因应的是所在地的社会需求与社会问题，社会工作督导所指向的也是所在地或者内地的社会工作者，但是社会工作者接受的却是西方式的社会工作督导理念与手法，在督导的过程中未能给予文化多样性足够的

---

① Chow, N. W. Social work in Hong Kong: Western Practice in a Chinese context. China journal of social work, 2008, 1 (1): 23 - 35.

② Tsui, M. S. *Towards a Culturally Sensitive Mode1of Social Work Supervision in Hong Kong*. Doctoral Dissertation, Faculty of Social Work, University of Toronto, 2001: 10.

③ 黄哲．香港社会工作发展与历程［J］．云南民族大学学报（哲学社会科学版），2009（6）：16 - 20.

④ Tsui, M. S. *Towards a Culturally Sensitive Mode1of Social Work Supervision in Hong Kong*. Doctoral Dissertation, Faculty of Social Work, University of Toronto, 2001: 1.

关注，从而出现了或多或少的“水土不服”的问题。因此，这种背景下需要一种具有文化敏感性的督导模式的创建。

三、社会工作督导的学术研究背景

在社会工作实践中，督导者扮演着十分重要的角色，它是保障和提升服务质量、一线社会工作者的职业满意度与职业能力的关键性因素。然而，虽然西方社会工作督导实务的发展已逾百年，但关于督导的学术争论却仍然集中于一些基本的议题上，如教育功能与行政功能之间的兼容性、永无止境的督导（interminable lifelong supervision）与自主性实务（autonomous practice）的对抗等[①]。可见，建构与发展社会工作督导的理论模式仍然任重道远。

如前所述，随着社会工作督导实务和研究的不断发展，社会工作督导领域形成了多种模式并存的局面。各种理论模式的含义与文献来源参见表5-1。按照Tsui的说法，上述几种模式都没有提及大环境（即文化）的影响，而只是着重在组织情境（organizational setting）层面讨论了专业自主性、督导功能、督导关系、督导权威以及督导形式等内容[②]。在组织情境中讨论督导，只看到了督导者与受督导者之间的互动，而当我们将督导看作是多重面向的互动过程的时候，这种组织情境下的讨论则可能是无效的，因为我们需要识别影响督导者、受督导者、服务机构与服务对象的共同因素，也就是文化[③]。

① Tsui，M. S. 社会工作督导：脉络与概念［M］．陈秋山，译．台北：心理出版社股份有限公司，2008：前言．

② Tsui，M. S. 社会工作督导：脉络与概念［M］．陈秋山，译．台北：心理出版社股份有限公司，2008：32.

③ Tsui，M. S. Supervision Model in Social Work：From Nature to Culture. *Asian journal of counselling*，2004，11（1）：7-17.

表 5-1 社会工作督导的模式

模式名称	文献来源	基本含义
实务理论模式	Bernard & Goodyear, 1992; Liddle & Saba, 1983; Olsen & Stem, 1990; Russell, Crimmings & Lent, 1984; Storm & Heath, 1985	在督导中采用治疗理论
结构功能模式： 督导功能模式 整合模式 权威模式	 Erera & Lazar, 1994; Kadushin & Harkness, 2002; Tsui, 2005 Gitterman, 1972; Lowy, 1983 Munson, 1976, 1979, 1981, 2002; Tsui, 2005	关注督导的目标、功能与权威结构
机构模式： 个案工作模式 团体督导模式 同辈督导模式 团队服务输送模式 自主性实务	 Kadushin, 1 974, 1992; Ko, 1987 Brown & Bourne, 1996; Kadushin & Harkness, 2002; Sales, 1970; Tsui, 2005a; Watson, 1973 Watson, 1973 Kadushin & Harkness, 2002 Barretta Herman, 1993; Epstein, 1973; Kadushin, 1974; Kadushin & Harkness, 2002; Kutzik, 1977; Rock, 1990; Veeder, 1990; Watson, 1973; Wax, 1979	反映机构内不同层次的行政责信与专业自主
互动过程模式	Gitterman, 1972; Gitterman & Miller, 1977; Hart, 1982; Latting, 1986; Shulman, 1993; Stoltenberg, 1981; Worthington, 1984	聚焦于督导者与受督导者之间的互动
女性主义伙伴关系模式	Chemesky, 1986; Hipp & Munson, 1995	认为社会工作者能够自我指导、自我规制与自我调整

＊本表翻译自：Tsui, M. S. Supervision Model in Social Work: From Nature to Culture. Asian journal of counselling, 2004, 11 (1): 7-17.

第二节 整全模式的主要内容

本节将主要对整全模式的内容进行介绍。Tsui（2004）在系统回顾西方社会工作督导文献的基础上，概括出了督导模式的七个基本原则；通过引入服务机构、督导者、受督导者与服务对象等多个相关主体，突破了之前组织情境下“督导者-受督导者”的二元主体分析，辨识出了文化脉络对于各个主体和督导本身的影响，从而建构了一个将督导过程、督导关系与督导功能等涵盖在内的文化敏感取向的整全社会工作督导模式。结合香港社会工作督导的本土实践，Tsui（2004）还对香港本土的社会工作督导模式作了具体分析。

一、整全模式的基本假设

虽然 Tsui（2004）未在相关著作中直接对整全模式的哲学基础与基本假设加以说明，但从整全模式的主要内容来看，我们可以发现其至少预先肯定了人的社会性与文化性，而这构成了整全模式的一个基本假设：人受到社会文化的影响，并能反过来对社会文化施加影响——用社会工作的术语可以表述为“人在情境中”（person in environment）。

社会与文化是社会学与人类学两大学科致力解释的对象。在社会学家看来，人是社会的产物，人的行为既受到社会结构的约束，也受到社会结构的促动，人的社会行为或社会实践最终又能够推动社会结构的生产与再生产。关于人的社会性的论述，马克思认为，“人的本质不是单个人所固有的抽象物，在其现实性上，它是一切社会关系的总和”[①]；迪尔凯姆（Emile Durkheim，又译涂尔干）则直言“社会强制之所以具有完全特殊的性质，不是来因于社会分子的某种组合十分严密，而是来自某种社会表象具有权威性……习惯支配我们，并把某些信仰和习惯强加于我们”[②]。虽然迪尔凯姆着重阐述了社会对个人的约束或支配，但人也并非完全是结构的傀儡。吉登斯（Anthony Giddens）依据结构二重性（duality of structure）的基本立场，考察了行动（个人）与社会结构的关系，

---

① 马克思. 关于费尔巴哈的提纲［G］//中共中央马克思恩格斯列宁斯大林著作编译局编，马克思恩格斯选集第1卷. 北京：人民出版社，1995：56.

② 迪尔凯姆. 社会学方法的准则［M］. 狄玉明，译. 北京：商务印书馆，1995：18.

认为行动在日常的环境条件下被结构化，同时行动又通过其本身的作用将这种结构化的特征不断生产出来①。可见，个人是社会中的个人，受到社会文化的约束；社会是个人组成的社会，个人能够对社会文化施加影响。

在社会工作的文献中，人的社会性与文化性则是通过“人在情境中”这一概念加以表述的。所谓的“情境”，主要指的是个人所处的物质环境与社会环境②；其中，社会环境包括学校、家庭、就业机构、社区、社会与文化等③。文化作为一种重要的情境或脉络，可以认为它是一套为社会成员所共享的知识、信仰或习俗，生活在特定文化情境下的个人往往会受到这些知识、信仰和习俗的影响与约束，从而形成某种习性。文化对于个人的人格、个性与行为发挥着重要的作用，同时个人也有能力去适应和改变环境。此外，由于文化具有多样性，每个国家、地区、种族或民族等都可能拥有自己独特的文化形式与内容，因而“人在情境中”这个概念在一定程度上也内含了文化敏感性。

由 Tsui（2004）提出的社会工作督导整全模式，将服务组织、督导者、受督导者与服务对象都视作是处于特定文化脉络下的主体，督导者与受督导者对督导关系、督导权威、督导目标与内容、督导契约等的理解都受到文化的影响，而通过文化对行为的影响，他们得以生产出本土（香港）处境下的社会工作督导的实践形态与知识结构。正是在这个意义上，我们认为，人的社会性与文化性（或“人在情境中”）是整全模式的基本假设。

---

① 李康．安东尼·吉登斯［G］//杨善华，谢立中．西方社会学理论（下卷）．北京：北京大学出版社，2006：94.

② 关于人与环境的关系，我们经常关注的是社会环境，近来有学者（Lena Dominelli & Hok - bun Ku）主张关注人与自然环境的关系，并倡导绿色社会工作（green social work）的理念与实践。参见：Lena Dominelli & Hok - bun Ku（2017）Green social work and its implications for social development in China，China Journal of Social Work，10（1）：3 - 22.

③ 彭华民．人类行为与社会环境［M］．北京：高等教育出版社，2011：150.

二、整全模式的基本内容

整全模式的基本内容主要包括其涉及的主要概念、核心观点及Tsui (2004) 在该模式的指导下在香港展开的经验研究。

(一) 相关概念

整全模式中涉及的概念主要是文化脉络 (cultural context), 其次是与督导相关的多个主体及其相互之间的关系或形成的互动模式相关的概念。具体而言, 这些概念包括文化脉络、服务机构 (service agency)、督导者 (supervisor)、受督导者 (supervisee)、服务对象 (client)、中间人 (middleperson)、责信 (accountability)、督导过程、督导形式、督导契约等。在本部分, 我们只对文化脉络、服务机构等主体作简单介绍。

1. 文化脉络

文化脉络是整全模式的主要脉络。文化是一个比较复杂的概念, 文化人类学家对文化作了各种相互联系却又有所不同的界定, 而其中最常被提及的是泰勒给出的定义。泰勒指出: "文化, 就其宽泛的民族学意义来讲, 是一个复杂的统一体, 它包括知识、信仰、艺术、道德、法律、习俗, 以及人作为一名社会成员所获得的其他一切能力和习惯。" 在他看来, 每个人或每件物都可以看作是文化的造物或产品, 而不是文化本身, 这就如一位佛教徒所言, "指向月亮的手指不是月亮"。因而, 在文化人类学家来看, 文化是隐含在人造物背后的意义。卢克·拉斯特认为, 文化是一套共享且相互协调的意义系统, 这套意义系统是由人们通过阐释经验和产生行为而习得并付诸实践的知识所知晓和熟悉的; 文化存在于我们生活的方方面面, 我们深陷于文化之中[①]。由此可见, 文化是我们所属群体或组织共享的一套意义系统 (包括知识、信仰、道德等非物质性事实), 我们的思想、意识、认知、行为乃至情感都会受到文化的

---

① 卢克·拉斯特. 人类学的邀请 [M]. 王媛, 徐默, 译. 北京: 北京大学出版社, 2008: 47-55.

影响。《辞海》对脉络这个词汇的解释是：中医的经络；比喻事例或文章的线索条理[①]。在英文中，脉络对应的词汇是context，这个单词有语境、背景、情境等含义。综合这两方面，可以将整全模式中所说的文化脉络理解为：督导发生在特定的文化情境中，服务机构、督导者、受督导者、服务对象以及他们之间的互动和关系都受到文化的影响；要深入地理解督导，就需要考察其文化线索，换言之，要将文化作为督导（预测变量）的解释变量。

2. 服务机构、督导者、受督导者与服务对象

Tsui（1998）指出，之前的研究者只关注到组织情境下的督导者与受督导者之间的关系，以及与这一对关系相关的因素，比如权威使用（use of authority）、督导契约、督导角色和风格、督导功能与任务等[②]。为了更为系统和深入地研究督导，Tsui（1998）将服务机构与服务对象也引入到了分析的框架之中。于是，在整全模式中，与督导相关的主体就包括服务机构、督导者、受督导者与服务对象。事实上，这里的四个概念与我们平时所使用的含义并没有什么不同，之所以在这里单独提出来，是基于这四个概念对整全模式的重要性的考虑。如果我们从社会网络的角度来看整全模式的话，那么这四个主体/概念就是网络中不可或缺的节点。因此，在谈论整全模式的时候，势必要提及这四个主体。概而言之，整全模式在一般的意义上使用这四个概念：服务机构是生产和提供社会工作专业服务的单位或组织；督导者是具有督导资质并为社会工作者提供督导的工作员；受督导者是接受督导者督导的社会工作员或社会工作实习生；服务对象是社会工作服务的对象和受益人。

（二）从“二元主体”到“多主体”

督导关系是理解社会工作督导的核心与基石[③]。然而，正如上文所述，

---

① 辞海编辑委员会．辞海［K］．上海：上海辞书出版社，2009：1523.

② Tsui, M. S. & Ho, W. S. In Search of a Comprehensive Model of Social Work Supervision, *The Clinical Supervisor*, 1998, 16 (2): 181 – 205.

③ Fox, R. Relationship: The cornerstone of clinical supervision. *Social Casework*, 1989, 70 (3): 146 – 153.

在过往的研究中，研究者关注的只是督导者与受督导者之间的关系。这种二元主体的分析没有将服务机构和服务对象纳入分析框架中，从而降低了自身的解释力。比如，利用二元主体分析无法解释行政功能是社会工作督导的根源这一事实；二元主体分析忽略了作为重中之重的对服务对象的服务质量，也难以解释受督导者对服务对象的间接责信（这不同于私营性质的社会工作实践，private practice）①。因此，Tsui（1998）认为，我们应该利用服务机构、督导者、受督导者与服务对象之间的多面性关系和文化脉络来对督导关系进行再概念化（见图 5－1），以增强解释力。下面将对这些主体之间形成的两两关系加以介绍②。

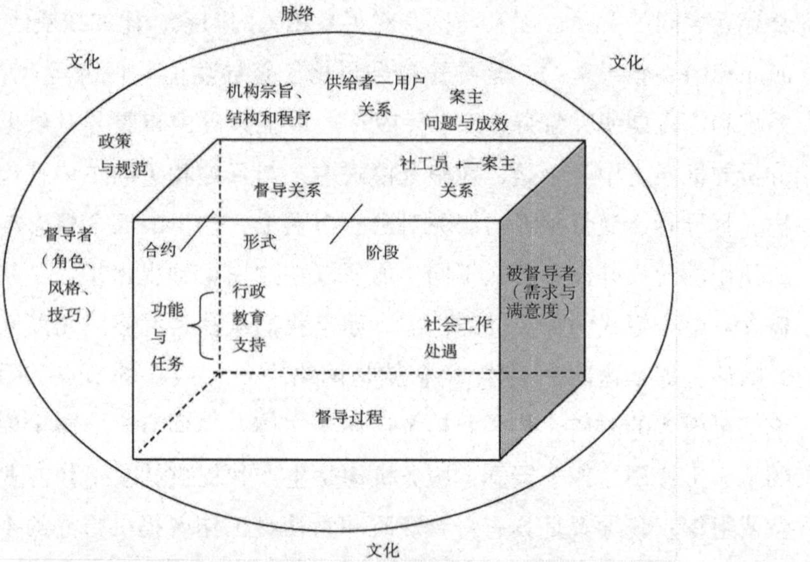

图 5－1　社会工作督导的整全模式（Tusi，2008）

1. 服务机构与督导者

如上所述，督导者在某种程度上也可以被看成机构的高级工作员，他

① Tsui，M. S. & Ho，W. S. In Search of a Comprehensive Model of Social Work Supervision，*The Clinical Supervisor*，1998，16（2）：181－205.

② 需要说明的是，Tsui 在其博士论文（p. 141）中提到，由于受到研究条件的限制，他并没有对案主与督导者、服务机构与督导对象这几组关系进行分析。因此，我们在这里的介绍也只有被他所提到的四种。

们的督导实践受到服务机构的宗旨、目标、服务范围以及相关政策和程序的影响（限制）。因此，从这个层面来说，服务机构与督导者之间的关系是一种限制性或规范性的关系，前者制定的规章制度限定了后者的任务与目标。同时，作为服务机构与受督导者之间的中间人或联络人（liaison），督导者一方面将机构的政策或规章制度传达给受督导者，并将其具体化，使之成为受督导者在实务过程中的指引，另一方面也代表着服务机构去监督受督导者的执行情况，从而确保机构的政策得到贯彻。在这个意义上，督导者得到了机构的授权，在机构的科层制度中占有了一席之地，成为其特定意义上的“代理人”，而受督导者则对督导者负有责信的义务。换言之，受督导者或一线社会工作者对机构的责信是通过督导者来实现的，其实现方式是一种间接的责信（indirect accountability）。

2. 督导者与受督导者：督导过程

督导者与受督导者之间的关系构成之前督导研究的基础。之前的研究者将研究重点放在督导过程上，而这个过程的基础则是督导者与受督导者之间的关系。Tsui 指出，构成二者之间关系的要素包括督导契约、选择适当的督导形式以及督导发展的过程[①]。督导契约规定了督导的目标、期待和任务等，通过建立督导契约，督导者与受督导者得以明确自己的权力与责任，也会对督导会议的日程和督导所需的技巧有所了解。此外，督导契约还能够为之后的督导评估提供依据。督导的形式可以分为个案工作模式、团体督导模式、同辈督导模式、团队服务输送模式与自主性实务[②]（即表 5 - 1 所述的机构模式），这些模式反映了机构所允许的专业自主程度、督导者的风格和技巧，以及受督导者的需求与经验。督导过程还可以被分为不同的阶段，在不同的阶段，我们可以通过一些指标来评估督导关系和受督导者专业能力的变化，这些指标让督导者与受督导者有机会发展步骤清楚的行动指导方针，以改善工作成果。此外，

① Ming - sum Tsui. 社会工作督导：脉络与概念［M］. 陈秋山，译. 台北：心理出版社，2008：42.

② Tsui, M. S. Supervision Model in Social Work: From Nature to Culture. *Asian journal of counselling*, 2004, 11 (1): 7 - 17.

我们还可以从督导功能的角度来理解督导者与受督导者之间的关系。二者之间的关系可以被视作由行政、专业与心理因素所交织构成的关系。在每一个要素中，督导者都有一些必须履行的督导任务，也因此督导者必须同时承担某些角色的责任，这一互动过程涉及职权的形式、信息的交换和情绪的表达①。

3. 受督导者与服务对象

受督导者与服务对象之间的关系是一种专业助人关系。在这组关系中，受督导者即一线社会工作者在专业伦理和机构政策的规范下，利用自身的专业素养为服务对象提供所需要的服务和帮助，从而帮助服务对象走出困境和实现成长。在社会工作督导中，督导者对受督导者所提供的督导服务，其最终目的是通过具体化机构政策和传递专业知识，以及为受督导者提供情绪支持，实现对服务对象的帮助。因而，从受督导者与服务对象之间的关系来看，督导的终极目标是为了服务对象，而不是社会工作者。

4. 服务对象与服务机构

服务对象与服务机构之间是服务使用者和服务提供者的关系。服务机构聘用一线社会工作者为服务对象提供专业服务，但并不直接对服务对象负有责信的义务。这是因为，当前服务机构的资金大多来源于政府、社会大众和民间团体，服务对象并不直接为服务机构所提供的服务付费，需要服务机构直接负有责信义务的是这些资金赞助者。然而，虽然服务机构与服务对象之间不存在直接的责信关系，但服务对象可以通过评价反馈机制向服务机构的赞助单位反映服务的品质与成效，从而间接地对服务机构施压，促使其不断地改进服务②。

（三）督导的文化脉络

在 Tsui（1998）看来，督导受到三种不同而又相互重叠的脉络的影

① Ming－sum Tsui. 社会工作督导：脉络与概念［M］. 陈秋山，译. 台北：心理出版社，2008：43.

② Ming－sum Tsui. 社会工作督导：脉络与概念［M］. 陈秋山，译. 台北：心理出版社，2008：43.

响，即督导者与受督导者之间的关系脉络、组织的脉络以及督导者与受督导者所处的特定文化脉络，其中，文化脉络是最主要的脉络。督导者与受督导者之间的关系脉络是先前研究讨论得最多的脉络，该脉络是建立督导者与受督导者间互信和沟通的基础，从而对之后的督导实践产生重要影响。建立理想的关系脉络需要秉持如下的信念：督导者与受督导者，第一，都是拥有独特人格的人；第二，都是社会工作者，受到专业价值、知识和技巧的影响；第三，都是受雇于机构的工作者。督导者与受督导者都嵌入在特定的组织之中，依托于服务机构来行使自己的职能，因而组织的政策与规范以及氛围（climate），即组织脉络也会对督导目标、任务以及督导关系等造成影响。但是，虽然关系脉络与组织脉络对于督导具有重要影响，最重要的脉络仍然是文化脉络。这是因为，督导所牵涉的四个主体及其相互之间的关系，以及建基于督导关系之上的督导功能、督导权威、督导形式以及督导内容等，都受到文化脉络的影响。可以说，督导必须被放置在特定的文化脉络中予以理解，任何督导模式都是其所赖以形成之文化脉络的产物①。

文化脉络无论是对服务机构、督导者、受督导者，还是对服务对象，都具有重要的影响。在引入上述多主体对督导关系再概念化之后，我们可以发现，文化的影响无处不在。从机构的角度来看，督导是一种达成组织目标的工具。在达成目标的过程中，督导会受到组织结构、组织所设定的政策和程序等方面的影响。督导者是服务机构和受督导者之间的中间人，他们既可以被看作是机构管理层的成员，也可以被看作是一线服务中最高级别的员工。督导者需要遵循机构指定的各项规章制度，并将这些规章制度具体化，从而传递给受督导者。受督导者作为一线实践者，也会受到他们先前所接受的训练、工作经验与工作能力的影响。此外，服务对象自我认知、看待自身问题的视角和求助的方式也受到文化

① Ming - sum Tsui. 社会工作督导：脉络与概念［M］. 陈秋山，译. 台北：心理出版社，2008：59.

的形塑[①]。可见，这里所提到的四个主体都深受文化的影响，既包括组织的文化，也包括更大范围或更抽象的社会文化（这些文化对个人和组织产生影响）。

当然，文化脉络对于相关主体（尤其是督导者与受督导者）的影响是具体的、复杂的，对督导关系、督导功能、督导形式等也都具有重要影响。但是，作为一个分析框架，整全模式对此难以提供更加具体和丰满的说明，Tsui 也是在对我国香港地区进行经验研究的基础上，通过与北美国家进行对比，才具体阐述这里所提到的文化敏感取向的整全社会工作督导模式。这些内容我们将在接下来的部分加以介绍。

三、整全模式下的香港社会工作督导

由 Tsui（1998）提出的整全模式实际上是一个分析和理解督导的框架，该框架把服务机构和服务对象等多主体引入到督导关系之中，突破了传统上“督导者 - 受督导者”的关系模式。按照 Tsui 自己的说法，整全模式很重要的一个贡献就是有助于我们以更准确的方式（从多主体和文化的角度）来解释上述四个主体的行为[②]。

（一）督导形式

为了更好地理解这里所提到的督导形式，我们可以通过重构帕森斯的“模式变项”概念来区分不同的督导形式。帕森斯以他的宏大理论（结构功能主义）而著称，在讨论人与情境相适应的基本问题的时候，他提出了五个二项选择的概念集合，即所谓的“模式变项”。这五个选择是：情感与情感中立；专一性与扩散性；普遍主义与特殊主义；先赋

---

① Tsui, M. S. *Towards a Culturally Sensitive Mode1of Social Work Supervision in Hong Kong.* Doctoral Dissertation, Faculty of Social Work, University of Toronto, 2001: 63.

② Ming - sum Tsui. 社会工作督导：脉络与概念［M］. 陈秋山，译. 台北：心理出版社，2008: 47.

与自致；自我取向与集体取向[①]。在督导形式中，我们也面临着多个二项选择，即个案督导（一对一）与团队督导、督导契约与口头协议、常规与非常规等。

1. 个案（个别）督导还是团队督导

我国香港地区的督导多采用的是个案督导，团队督导只是一种补充形式，这与北美国家相比没有什么差异[②]。在个案督导中，只有一个督导者和一个受督导者，督导者往往与受督导者一起回顾后者正在跟进的某个个案或项目。在这个过程中，督导者与受督导者之间的讨论建立在服务机构政策的基础上，他们所讨论的议题和最终的解决方案受到服务机构政策的限定，换言之，所有的讨论都被限制在机构政策规定的范围内。在个案督导中，受督导者更能感受到“自在”和安全，并认为这种督导形式更具有个人性和私密性（这也与中国文化注重关系有关），因而也更容易表露自我，积极推动督导工作的顺利进行。个案督导很多时候并不一定采用正式（formal）的形式，当受督导者遇到需要及时解决的问题的时候，可以通过与督导者之间的非正式沟通来获得支持。团队督导则一般采用个案讨论会、团队会议与分享会等较为正式的形式进行，在团队督导中，需要督导者能够熟练地引导小组，这样才能在一定程度上保障团队督导的成效。此外，由于受到居住空间等因素的影响，要想把受督导者聚在一起开展团队督导也存在着客观上的困难。事实上，在香港，督导者往往轮换着使用个案督导与团队督导这两种形式，如前面提到的那种情况，当受督导者遇到的问题需要及时得到解决的时候，个案督导就成为更加合适的选择；此外，督导者也会根据受督导者的具体情况（如工作经验、工作能力等）来决定使用何种督导形式。

2. 督导契约还是口头协议

与北美国家不同的是，在我国香港地区本土的社会工作督导实践中，

---

① 乔治·瑞泽尔. 古典社会学理论［M］. 王建民，译. 北京：世界图书出版公司，2014：452.

② Tsui, M. S. *Towards a Culturally Sensitive Model of Social Work Supervision in Hong Kong*. Doctoral Dissertation, Faculty of Social Work, University of Toronto, 2001: 141.

督导者与受督导者往往倾向于以口头协议（verbal agreement）代替督导契约。在很多研究者看来，督导契约具有十分重要的意义。Kaiser认为，督导契约能够增进督导者与受督导者之间的相互理解，强化二者在服务服务对象事项上的合作，并能澄清双方对督导目标和标准的期待①。Fox认为，督导契约能够保护受督导者的独立性（independence）②。虽然督导契约具有相当的重要性，但是在香港，督导者与受督导者之间很少建立正式的督导契约，而是以非正式的口头协议来确定双方对督导的期待，以及督导的任务、目标和形式等。Tsui认为这是与中国文化息息相关的③。正如费孝通所言，传统上，中国是一个"无讼"的社会，"在乡土社会里，一提到讼师，大家会联想到挑拨是非之类的恶行"④。在香港，由于受到这种传统的影响，人们一般不倾向通过法律渠道（legal solutions）来解决某种冲突，也尽量避免使用带有法律意味（legal implication）的"契约"等词汇。他们认为，建立督导契约实际上是一种对彼此不信任的表现。因此，在我国香港地区的督导实践中，口头协议基本取代了北美国家的督导契约。

3. 常规还是非常规

与北美国家相比，我国香港地区的督导一般不设置固定的或常规的时刻表（schedule），且相比之下督导的频率也低于北美国家。除了对受督导者的绩效进行评估的会议，香港的督导者基本都不对何时何地进行督导作常规的安排；也因为如此，在督导过程中，督导者和受督导者都很少准备

---

① Kaiser, T. L. Supervisory relationships: Exploring the human elements. *Pacific Grove*, CA: Brooks/Cole, 1997. 转引自：Tsui, M. S. *Towards a Culturally Sensitive Model of Social Work Supervision in Hong Kong.* Doctoral Dissertation, Faculty of Social Work, University of Toronto, 2001: 142.

② Fox, R. Contracting in supervision: A goal oriented process. *The Clinical Supervisor*, 1983, 1 (1): 37-49.

③ Tsui, M. S. *Towards a Culturally Sensitive Model of Social Work Supervision in Hong Kong.* Doctoral Dissertation, Faculty of Social Work, University of Toronto, 2001: 142.

④ 费孝通. 乡土中国［M］. 北京：北京出版社，2004：77.

具体的议程，而只是对督导过程中所涉及的相关议题和结果进行记录，这些记录往往也主要被用来作为考核受督导者工作绩效的参照。此外，香港的督导频率大多是一个月一次，有时候是每年两次，每次督导的时间大致在半小时到三小时之间，平均督导时间为两小时。

（二）督导目标

在督导的目标方面，香港的社会工作督导者与受督导者都认同督导的首要目标是确保专业服务的质量，使之能够切实有效地帮助到服务对象。关于督导的目标，Tsui 提到了以下四个方面：确保社会工作服务的质量或对服务对象服务的品质；提升受督导者的职业能力或受督导者个人的发展；向受督导者表达欣赏或提供情绪上的支持；促进团队内部的沟通、协调与合作①。

在北美国家，行政性功能被视作是督导最重要的功能，也被看成是督导的最重要的任务②，但同时，在督导目标方面，督导者认为保障服务质量是督导的首要功能，而受督导者却认为他们自身的专业成长占据首要位置。可以看到，北美国家的督导者与受督导者对督导目标的认识是存在分歧的。然而，我国香港的督导者与受督导者在督导目标方面却达成了一致和共识，他们都把对受督导者的情绪支持与强化团队协作当作督导的主要目标。因此，在督导过程中，我国香港的督导者与受督导者之间的对话常常会涉及一些个人的问题（personal matter），而很少受到北美国家所强调的那种专业边界的约束。Tsui 认为，香港督导者与受督导者对督导目标的理解与其所处的文化脉络是分不开的。在他看来，中国文化强调通过权威的使用来达成和谐与折中，而上述共识的达成可能就是督导过程中使用了权威的结果。

---

① Tsui, M. S. *Towards a Culturally Sensitive Model of Social Work Supervision in Hong Kong*. Doctoral Dissertation, Faculty of Social Work, University of Toronto, 2001: 144 - 145.

② Poertner, I., & Rapp, C. A. What is social work supervision? *The Clinical Supervisor*, 1983, 1 (2): 53 - 67.

（三）督导关系

香港的督导关系是等级关系、同事关系与私人关系的叠加，它既是一种专业性的、正式的关系，也是一种私人性的、非正式的关系。督导关系中的私人关系最能体现传统文化对香港督导实践的影响。在这种关系中，督导者往往被受督导者当成是他们的“放大的家人”（extended family member)，督导者和受督导者都认为应该且可以跟对方建立比专业关系要更亲密和更具个人性的关系。然而，虽然这种夹杂着私人关系的督导关系能够为督导的开展提供良好的条件，但也给督导者带来了角色冲突的问题：督导者既要扮演受督导者家人的角色，又要扮演行政人员的角色。如何平衡这两种角色，或者如何缓解这种角色紧张，成为香港督导者必须面对的挑战。通过对香港本土的督导者和受督导者进行访谈，Tsui发现，中国传统文化中存在“互惠”（reciprocity）观念，即“情”“缘”“面子”（face）在督导关系中得到了充分的体现，而这恰好缓解了督导关系中的角色紧张或冲突①。情的存续不仅让等级关系与私人关系的共存得以可能，也增强了关系双方对彼此的耐心；缘分观念强化了督导双方之间的相互接纳；面子观念及其实践则有效地维持了督导双方之间的相互尊重。

1. 情

情在这里指的是一种长久持续的、亲近的初级关系。通过思想和资源的交换，以及关心的传达，情有助于在不同地位和职级的人之间建立良好的关系，从而调和等级间关系和私人间关系的矛盾。在香港的社会工作职业等级中，存在着“官员级别”（officer grade）和“助理级别”（assistant grade）两种不同的级别，这两个级别的社会工作者有着不同的职业网络、培训机会、职业前景和专业兴趣。如果在其他国家或地区，科层制上的这种明显分野可能会造成二者之间难以建立起真正的私人关系，因为他们的

---

① Tsui, M. S. *Towards a Culturally Sensitive Model of Social Work Supervision in Hong Kong*. Doctoral Dissertation, Faculty of Social Work, University of Toronto, 2001: 150.

地位差异以及由此而来的不同“惯习”可能成为建立私人关系的障碍。但是，在中国传统文化中，情意味着双方的一种期待，即当一方付出之后，另一方被期待着作出回报。不过，付出的一方并不期待另一方即刻回报他的人情，而是希望能够以一种绵延的方式存续下去。在这种人情观念的影响下，拥有不同地位的人看重的是这种“交换”背后的情谊，以及由这种交换的“绵延性”而带来的牵绊或连带感。因此，通过情的运作，等级关系和私人关系之间的矛盾（在西方的语境下）得以共存。而且，由于这种“牵绊”的存在，督导者与受督导者对彼此的耐心（patience）都大大增强。

情虽然发挥了上述正功能，但是在督导关系中，情的存在也容易造成一些问题。比如督导者或受督导者可能利用情来控制对方，这就像周潇在研究建筑工地劳动过程的时候所提出的“关系霸权”一样，一方通过关系来约束、控制和剥削另一方①。

2. 缘

缘分观念也对香港的督导关系产生着重要影响。一方面，缘分观念让督导者和受督导者都相信他们之间的相遇和关系的建立是一种缘分。怀揣着这样的信念，督导者与受督导者之间得以建立稳固的关系，从而对之后的督导奠定良好的基础。另一方面，缘分观念所带的“命定论”色彩，也容易让受督导者不加批判地接受自己与督导者之间的等级关系，认为这是一种自然而然的结果。

虽然督导者和受督导者相信缘分，但是在现实中，决定他们之间能否建立关系的却是他们自己的选择。比如在招聘新员工的时候，督导者会根据工作风格、工作兴趣和个性等标准来选择员工，那些“有缘分”的人被选中，而“没有缘分”的则被略过了②。

---

① 周潇．关系霸权：对建筑工地劳动过程的一项田野研究［D］．清华大学，2007.

② Tsui, M. S. *Towards a Culturally Sensitive Mode1 of Social Work Supervision in Hong Kong*. Doctoral Dissertation, Faculty of Social Work, University of Toronto, 2001: 153.

3. 面子

我们经常可以发现，督导者与受督导者之间会存在一些矛盾，而面子观念的实践则可以将这些矛盾降低到最小①。在学术话语中，面子是一个比较复杂的概念。简单来说，它反映的是某人在特定社会网络中的地位，但面子又不能被完全理解为地位，后者只是前者的表象（representation），在中国的文化语境里，面子又与“脸”或“脸面”紧密联系在一起。有学者将面子的内涵概括如下：面子是个体在社会交往过程中极力主张的综合性的正向社会自我价值；它可以通过一系列外在的社会性资源（如身份、财富、人脉、成就等）加以表征，并以特定的公众形象具象地呈现；个体对于面子的主张和诉求需要经由他人确认，在得到相关评价或反馈时，凸现于个体内心的自我价值感和心理体验或称个体的自我意象，就是通常所说的实际感知到的面子，它一般表现为计算型的面子的“得失”“有无”或“保全”；上述的认知性体验常常伴随着一系列的情绪反应和行为反应出现，对于后者，我们一般称之为“面子功夫”（face – work）②。

Tsui（1998）在阐述面子对社会工作督导的影响时，将面子整合到中国的互惠文化之中，并在这样的意义上使用它：当别人给你面子之后，他们也会期待你给他们面子。结合香港的经验，Tsui（1998）指出，受督导者无论是在私下还是在公开场合，都十分注重给督导者面子；同样，他们也期望督导者能够给他们面子，正是这种面子观念的存在和实践，强化了督导者与受督导者之间的相互尊重③。

（四）督导权威

督导权威涉及督导者与受督导者之间的行政等级，如何合理地应用督

① Tsui，M. S. *Towards a Culturally Sensitive Mode1of Social Work Supervision in Hong Kong*. Doctoral Dissertation，Faculty of Social Work，University of Toronto，2001：153.

② 赵卓嘉．面子理论研究述评［J］．重庆大学学报（社会科学版），2012（5）：128 – 137.

③ Tsui，M. S. *Towards a Culturally Sensitive Mode1of Social Work Supervision in Hong Kong*. Doctoral Dissertation，Faculty of Social Work，University of Toronto，2001：154.

导权威不仅关乎督导关系的融洽与否，也对督导本身产生影响。不同于北美国家将督导权威建立在督导者的专业技能上，我国香港督导权威的建立还受到“协商共识”（consensus by consultation and consent）的深刻影响，这一从殖民时期延续下来的传统维护了督导者与受督导者之间的和谐关系[①]。

协商共识是英国殖民政府在香港应用的一项政治策略。殖民统治时期，为了增强政策的接受度，英国在香港的殖民政府将香港本地的政治精英和一些有影响力的社会团体吸纳到了政治决策的程序中。通过这项政治策略，殖民政府出台的政策得到了多数人的认可。当然，这一策略得以成功实行，也与中国的“家长制”传统存在着关系。这一策略影响了香港的社会工作督导实践：除了那些必须执行的行政任务外，督导者一般都采取这一策略来建立自己的督导权威。比如，在制订项目计划的时候，督导者会邀请受督导者一起参与，通过双方的协商来达成共识。这种做法一方面体现了受督导者的参与，使得他们更倾向于接受项目计划，从而有利于督导者建立自己的督导权威；另一方面，也让受督导者将决策的风险转移到了督导者身上。从而，对于督导者与受督导者双方而言，这项策略都是有利的。

（五）文化对香港社会工作督导的影响

以上从督导形式、督导目标、督导关系与督导权威四个方面介绍了香港的社会工作督导实践，在每项具体内容的介绍中也可以看到文化脉络对社会工作督导的影响。但是，上述关于文化脉络对督导的影响的介绍是零散的。Tsui（2002）在他的博士论文中，从时间视角（time perspective）、空间概念（space concept）、价值导向（value orientation）和态度（attitude）四个层面对文化脉络的影响作了阐述。

1. 时间视角

整全模式从时间视角着重对督导会议的时间管理、督导者和受督导者

---

① Tsui，M. S. *Towards a Culturally Sensitive Mode1of Social Work Supervision in Hong Kong. Doctoral Dissertation*，Faculty of Social Work，University of Toronto，2001：160.

的时间导向以及发展阶段等三个方面进行了讨论。

正如前面所提到的那样，香港的社会工作督导在形式或结构上是松散的：用口头协议替代督导契约，没有常规的督导时刻表，督导频率比较低。对于后两者，我们可以发现其体现了一种明显的时间视角。正是基于时间视角，我们得以辨识出香港社会工作督导结构上的松散性。进一步而言，这种时间视角也是受到中国文化传统的影响的，即人们倾向于建立非正式的私人关系而不是正式的专业关系。因而，督导者和受督导者都将督导看作是非正式的讨论机制（informal mechanism of discussion）[①]。

督导者与受督导者在时间导向上存在的差异影响了他们对督导的理解，他们在时间导向上的趋同则影响着督导权威的形成。督导者持守着未来导向的时间观，而受督导者则更加关注当下。对于督导者而言，督导的主要功能是确保社会工作服务的质量，从而保证今后能够有充分的项目资助和具有更高技能的专业社会工作者。故从时间的视角来看，督导者对督导功能的理解是指向未来的。受督导者则与此不同，他们对督导功能的理解和对督导的期待聚焦于督导者在当下所提供的情绪性支持和专业指导。当然，督导者与受督导者在时间导向上也存在着相同之处。比如，在督导权威的形成方面，二者都非常重视过往的经验，都体现出一种过去导向（past orientation）。对督导者来说，拥有丰富的实务经验（或享有较高的“实务地位”）、督导经验和人生经验会更有利于他们建立自己的督导权威，他们在督导中也会更加自信和游刃有余。对于受督导者来说，之前所接受的实习督导（field supervision）会影响他们对督导的期望，他们希望督导者能够为自己提供跟实习督导阶段一样的督导服务；同时，受督导者如果拥有了更丰富的人生阅历的话，他们还会对执行督导者的指导表现出更多的犹豫。对过去的关注，某种程度上折射的是中国人尊重传统、资历（seniority）等文化传统。

督导的发展阶段包括组成督导过程的各个阶段，以及督导者和受督导

---

① Tsui, M. S. *Towards a Culturally Sensitive Mode1of Social Work Supervision in Hong Kong. Doctoral Dissertation*, Faculty of Social Work, University of Toronto, 2001: 162.

者的职业发展阶段。首先，与北美国家相同的是，我国香港的督导过程也被分为多个阶段，在每个阶段，督导者与受督导者都面临着不同的重点任务，督导频率也会有所不同。其次，受到香港本土的文化或制度设置的影响，督导者与受督导者的职业发展是不同的。对督导者来说，他们一般会经历督导新手（novice supervisors）、服务经理（human service managers）、成熟的督导者（mature supervisors）与导师（mentors）等四个阶段。对于受督导者而言，则需要经历新入职的工作员（new worker）、能够自主的社会工作者（autonomous social worker）、服务团队的成员（member of service team）及拥有专长的社会工作者等发展阶段[①]。

2. 空间概念

空间包括物理、组织和心理等三个维度。就物理空间而言，如果督导活动在办公环境下（如办公室）开展，则会在一定程度上强化督导的行政性色彩，督导者与受督导者之间的行政等级也会更加突显。在这样的情况下，督导者比较容易给受督导者下达指令或命令，但受督导者不会轻易地表达自己的个人想法。实际上，由于香港社会工作机构办公空间的有限性，使得督导者与受督导者几乎没有选择督导场所的余地，从而使得督导者的意志更能得到贯彻，而受督导者（一线社会工作者）的实务自主却遭到削弱。就组织空间而言，无论是督导者还是受督导者，都受到组织内部的政策和外部资助方的责信要求的约束，强而有力的内外部约束挤压着督导者和受督导者的自主空间。就心理空间而言，香港督导者与受督导者之间经常会发展出一些私人性的关系，如友谊和家庭类型的关系（family - type relationships），这些关系类型的存在会拉近督导者与受督导者之间的心理距离。

3. 价值导向

督导者和受督导者受到多重价值的影响，这些价值既来源于资助

---

① Tsui, M. S. *Towards a Culturally Sensitive Model of Social Work Supervision in Hong Kong. Doctoral Dissertation*, Faculty of Social Work, University of Toronto, 2001: 165 - 166.

方的价值导向、组织文化，也源自更宏观的社会文化。首先，与那些私营的机构不一样，社会工作机构的资金来源于资助方的资助，因而需要对资助方承担责信的义务，而资助方往往看重的是服务的财务责信、资金的使用效率或“投入－产出”。这就促使机构发展出一套符合资助方的价值体系，而督导者在这套价值体系中扮演着守门员（gate-keeper）的角色，他们需要确保这些价值和规章得到贯彻。其次，社会工作机构在长期的发展中会形成自己的文化氛围或传统，这些文化传统通过同化新来的员工而得以延续。督导者与受督导者长期在机构工作，自然而然会受到这套文化的渲染，并将这种影响带到督导中①。最后，就社会文化而言，中国文化的互惠观念，即情、缘与面子对督导关系和督导权威等都具有明显影响。对于该部分内容，前文已经有所介绍，这里不再赘述。

4. 态度

在态度方面，督导者与受督导者之间表现出很多的不同。首先，督导者认为督导是专业实践，具有理性和系统的特点，督导者与受督导者之间是一对多的关系，关系性质主要是专业关系；而在受督导者看来，督导关系是一种一对一的关系，关系性质不仅是专业关系，更是私人关系的发展。其次，虽然二者都认同督导的四个功能（行政、教育、支持与沟通），但督导者更多关注的是督导的行政和教育功能，而受督导者关注的却是专业指导和情绪支持。最后，受香港文化情境的影响，在自我认同方面，督导者高度意识到他们的领导者角色和义务，而受督导者则将自己视为职工中的一员②。

---

① Tsui, M. S. *Towards a Culturally Sensitive Mode1 of Social Work Supervision in Hong Kong. Doctoral Dissertation*, Faculty of Social Work, University of Toronto, 2001: 174.

② Tsui, M. S. *Towards a Culturally Sensitive Mode1 of Social Work Supervision in Hong Kong. Doctoral Dissertation*, Faculty of Social Work, University of Toronto, 2001: 176.

第三节 整全模式的应用与反思

在了解文化敏感取向的整全社会工作督导模式之后，本节将结合督导实务案例来对该模式的本土化应用进行反思和讨论。

一、整全模式的应用

案例：J社会工作服务机构（下文简称为J机构）每年都会接收高校社会工作专业的大学生来机构实习。2013年3月，某学院社会工作专业两名实习生来这个机构实习，时间是三个月。这两名实习生在学校的督导者是该学院教师（曾是作者的学生）小红，机构的督导者是机构的执行总干事小孙和一线社会工作者小慧。作为机构的副理事长兼总督导，作者的受督导者则是小孙和小慧。站在机构角度，两名实习学生实质上也可以看成是机构的"服务对象"，只不过这个服务对象是高校的实习学生（而非社区居民），一线督导服务的目标主要是提升实习学生的专业能力，培养专业的社会工作者；同时，兼顾提升为社区居民提供服务的品质。

两名学生来到机构实习的第一天，一线社工小慧与其进行了初步的交流，并根据实习学生的实习计划书对其进行了初步的需求评估，其中包括：专业价值观的内化、专业理论的应用、专业能力的提升；对实习意义和目标的再认识和确定；自信心的建立；等等。根据需求评估，小慧制订了针对实习学生的督导服务计划，其中包括：与实习学生建立专业的督导关系；帮助实习学生重新认识实习的价值并明确实习的目标；帮助其形成完成实习任务的内动力；帮助其确立专业的价值观，提升专业能力；帮助其疏导情绪，提供情感支持；帮助其完成行政方面的工作内容（社会工作者的招募和选择；安置和引导工作人员；工作计划和分配；工作授权、协调与沟通；工作督导、总结和评估），之后开始实施督导服务计划。

两名实习生的实习进行了两个多月后的一天，作者收到了学校督导老师小红的邮件。邮件没有正文，只有一个附件，附件的内容是两个实习生联合写给小红的邮件。邮件内容将近1万字，记录的全是实习学生与机构督导者之间的矛盾和冲突，并且表现出了强烈的不满。在邮件最后，实习学生提出了调换实习机构的请求。读完这封邮件，作为机构总督导，作者的第一反应是要去机构了解情况并对小慧进行督导；第二反应是站在机构的角度，觉得自己作为机构副理事长，应该将这件危机事件报告给董事长。但转念又想，这件事不适合首先报告董事长，因为董事长虽然是华人，有华人的文化元素，但他是加拿大籍香港人，从小在香港长大，更具西方文化元素，又因为作者对一线员工有情感，基于这两点，作者决定将这件事暂且不告知董事长。同样，我既是副董事长，又是总督导，是双重角色，为了照顾一线员工的情面，我也应该需要暂时回避一下。紧接着，作者脑海里又产生了第三个反应，即这个危机事件反映的不仅是作者与一线员工之间督导者与受督导者之间的问题，更是机构和实习学生成长的问题，如同Tsui（2008）在整全模式中论述的，是涉及督导者、受督导者、机构和服务对象四方之间的问题；同时，也是两家机构之间的问题。想到这，接下来我采取的行动是：站在机构角度，必须报告董事长，与其商讨如果事实是真的，未来将如何对待机构的一线员工，并保护机构的服务对象；让机构总干事先着手了解具体情况，去发现一线员工视角下关于这件事的“诉说”和“故事”，这也是中国传统文化“兼听则明偏信则暗”的体现；让一线员工与实习学生所在学校的专业负责人进行座谈，反思和商讨机构和学校未来将如何更好地做好学生的实习工作；同步，作者打电话给实习学生的督导老师小红，因为小红曾是作者的学生，毕业后曾跟着作者做过项目，也接受过作者的专业督导，既有师生情又有同工缘。基于此，作者在电话中站在老师和督导的角度，对其进行了督导，小红也非常真诚地接受了作者的督导。过了几天后，作者对一线员工进行了一个上午的督导，其中主要包括：这件事对于机构形象的影响，对于机构与学校之间关系的影响，一线督导者如何与受督导者——实习学生（服务对象）建立平等且信任的专业关系、如何做好示范、如何进行专业知识和专业经验传递传导、如何帮实习学生做好行政性工作、如何及时帮助实习学生处理其情绪，以及如何抓紧提升自己的专业能力、如何梳理解除这件事情对自己造成的压力等内容。经过上述的工作和督导，这次危机事件及时得到了化解。通过这个过程，不仅一线员工小慧得到了成长，而且机构和学校之间、机构内部员工之间、机构督导者和受督导者之间的关系得到了更好的发展。

上述案例的处理是Tsui整全督导模式中情、缘、面子文化脉络和督导者、受督导者、机构和服务对象整全视角的体现。

二、整全模式的应用反思

整全督导模式在社会工作督导实务应用时需要督导者读懂和内化“整全”的含义，然后才能打开视野，真正冲破原有的督导者和受督导者的“二元主体”，站在整全的机构角度去分析督导的问题和需求。基于此，这个模式还需要督导者具备系统理论的视角。

同时，整全督导模式需要督导者读懂和内化“文化脉络”中的“情”“缘”“面子”的含义，然后在督导的过程中更具“文化的敏感性”和“文化警觉”能力，将“情”“缘”“面子”用得精准、用到“极致”。基于此，这个模式还需要督导者掌握和应用好“人在情境中”的理论。

整全模式给督导者的价值、意义和启发是一个“视角”，这个视角不仅是机构视角，这个“整全”已不仅是机构的整全，而是需要走出“机构”，走进“机构与机构”之间，如同上面的案例。基于此（又从系统论出发），在中国当下，督导已经不只是机构内部各元素间的互动，而是机构与机构、与社会、与国家、与国际间的互动，是现实与虚拟的互联网世界的互动等。所以未来督导的“整全”是“大整全”，或曰“宏整全”。另外，整全模式的另一个启发是“文化脉络”，这个文化脉络已不只是“情、缘和面子”，在中国当下，“文化脉络”中的内涵和内容更加丰富，如前文中论述的。所以未来督导的文化脉络也是“大脉络”，或曰“宏脉络”。综上，需要督导者具有“大整全”的视角，“大脉络”视野，如此，督导者才能在督导过程中站得高、看得远、走得深、走得有根基。

本章小结

本章首先介绍了社会工作督导整全模式建构的社会文化背景、专业发展背景与学术研究背景，其次着重介绍了社会工作督导的整全模式的核心内容，最后介绍了一个督导案例及其应用，并由此分析了整全模式对于未来督导者的价值、意义和启发。

第六章　社会工作督导的基本流程

在《互动督导》（Interactional Supervision）一书中，Shulman（1993）将社会工作督导划分为四个不同阶段：准备阶段、开始阶段、工作阶段、评估和结束阶段。因为社会工作督导的阶段不同，其督导关系、督导目标、督导策略和技巧也不同，本章将会对各阶段工作的基本流程进行分解详述。对督导工作基本流程的掌握，可以指导督导者建立较明确的工作方向，提前做好规划和准备，知道在什么时候为受督导者提供何种帮助。

第一节　社会工作督导的准备阶段

在社会工作督导的最初阶段，督导者本身需要为未来即将进行的督导工作做好准备，需要审视自身是否已经做好了督导他人的准备，包括经验、知识和态度等各个方面。督导与受督导者是否能够建立起良好且适宜的工作关系，准备阶段的工作起着至关重要的奠基作用。事实证明，在督导的过程中，因为督导关系而产生问题时，其原因很可能追溯到准备阶段未处理好或被忽略的一些问题。因此，这一节中将会具体阐述在准备阶段，督导者以及机构需要预先为督导工作作的一些准备。

一、督导者的准备

在开始督导工作之前，督导者首先需要自己做好角色的定位，并对接下来的督导工作做好准备。督导者必须对知识基础、学习形态、概念技巧、工作环境的适当性，以及受督导者的背景和动机，有相当程度的熟悉。

（一）自我预备

作为督导工作的核心角色，一个好的督导者不仅应该帮助受督导者在知识、价值和技巧方面有所提升，而且需要在督导过程中不断发展学生的自我知觉和专业认同。由此可见，督导者并不是人人都可以担任的。理想中的督导者所需要具备的条件如下①：

1. 丰富的专业知识和工作经验

督导者首先自己应该受过严格的专业训练，需要具备丰富的知识和工作经验，对社会工作专业的知识基础、概念技巧、学习形态等有相当程度的熟悉。详细掌握机构的理念愿景、整体运作、工作程序、机构政策和各部门的职责分工、合作，使得受督导者在工作和接受督导的过程中所进行的任何一项活动都是与机构的程序和工作相符合的。

2. 有督导他人的意愿

督导并不是一件轻松的工作，除了固定的督导时间外，督导者还需要阅读受督导者的各种报告、解决突发事件、随时回应受督导者的问题，以及对其学习效果进行持续的评估和反馈等。因为督导工作需要分配很多额外的时间和精力，对于这一点，督导者是否愿意接受，应该如何协调督导和自己的本职工作，是需要考虑和做好准备的内容。

3. 有督导他人的能力和态度

一个优秀的实务工作者不一定是一个好的督导者。督导者需要知道如

① 曾华源．社会工作实习教学——理论、实务与研究［M］．台北：五南图书出版公司，1987.

何去“教”。对于工作执行的技巧和方法，督导者需要在自己熟练操作的基础上，结合受督导者本身的特点和接受能力，教他如何去做。一般来说，“教”（督）导他人的能力包括：善用教学方法协助受督导者学习；教育诊断和计划的能力；选择适当的教学方法和时机；激发学习动机和兴趣；建立良好的督导关系；等等。对于受督导者在督导过程中产生的挫折感、焦虑、抗拒、无法适应等问题，督导者应了解到这些都是督导过程中正常的反应，应该表现出尊重、接纳和鼓励，并且愿意与受督导者共同面对问题，调整督导计划以促进受督导者的成长。

4. 有学习成长的欲望

随着时代的发展、知识的更新、互联网和新媒体等在服务中的应用，以及问题的复杂化和需求的多元化，督导者可能常会面对的一项挑战是来自受督导者提出的“老方法做事”的疑问。因此，督导者必须有兴趣接受新知识，例如经常阅读专业内最新资讯、研究报告，参与研讨会、经验交流会，或是经常保持自我探索及重新检验自我、价值、实务技巧与教学方式的意愿等。督导者也常常发现，自己在督导过程中的收获可能比受督导者更多。相反，过度自信、不愿意接受成长和学习的督导者，不仅自己的专业发展受限，对于督导工作也会带来负面影响。

5. 对机构、专业和自己的工作有正向态度

没有完美的工作，也没有完美的机构，当督导者对机构的某些工作程序有意见时，应该以正向的态度（包括正确的价值观、世界观和人生观）和方式面对，不适宜在受督导者面前表现出过于负面的态度。如果督导者经常抱怨自己的工作，或表达对专业没有信心和认同感，对受督导者产生潜移默化的负面影响也将会是必然的。

同理心是社会工作者最基本也是最重要的品质之一，在督导中也同样有用。Shulman（1993）主张，在社会工作督导的准备阶段，督导者最重要的任务是“调频”，即发展出一种为受督导者设身处地着想的初步同理心。

为了达到这一目的，督导者在准备阶段必须熟悉受督导者的背景资料，包括其文化、专业背景、价值观、态度等。督导者应该站在受督导者的角度，以对方的心理动机为出发点。“调频”的技巧为关系建立奠定基

础，也作为沟通中最重要的技巧贯穿在整个督导过程中，尤其在准备和开始阶段起到非常重要的作用①。

（二）高效督导者的特质

在社会工作督导的过程中，督导者不断接受挑战的同时也在不断成长，经验也是在不断累积的。一个合格的督导者，无论经验丰富与否，都应该意识到这一规律，并将高效、优质的督导能力作为自己成长的目标和追求。Skidmore（1990）指出，高效督导者应具备六项关键特质②：

1. 博学多闻

即专业知识和参与机构实践的知识。督导者需具备综合知识，专业态度与实践技巧，并将其融入组织和机构服务之中。

2. 实践技巧

即在一项或多项社会工作方法上的专业能力，以及所有基本工作方法的通识能力。

3. 开放的“政策”（心灵和胸怀）

受督导者在紧急情况下可以随时与督导者联系，也可以在任何需要的时候提问题，督导随时开放。

4. 投身督导

对为服务对象、机构、督导对象服务是真的感兴趣，这一点既不刻意伪装也不刻意流于表面。

5. 心态坦诚

这意味着督导者必须解放思想。当遇到不熟悉或不知道答案的问题时，应该很快承认，积极寻求进一步解决的方法。当督导者确实犯了错误的时候，也应坦诚承认。

6. 表达赞赏，给予嘉奖

即督导者给予被督导者肯定和正面强化。不乐于表达赞赏的督导者，

---

① Shulman L. Interactional Supervision. Washington, D. C.: NASW Press, 1993.

② Skidmore, R. A. Social Work Administration, Dynamic Management and Human Relationship (2nd ed.) N. J: Prentice – Hall. (Ch. 16), 1990.

自己本身的工作效率将受到限制，并且其督导对象的专业发展也会停滞不前。

二、机构的行政准备

在督导工作开始之前，机构可以作的行政准备主要包括初步匹配督导者、督导环境的准备及各部门之间合作的协调。每一个工作环节都有其特点和实际情况，考虑到环境对督导成效的影响，督导及机构管理者应当根据机构和工作的实际情况进行必要的调整和安排。

（一）初步匹配适合担任督导的工作人员

首先，机构需要有可以担任督导者角色的有能力的工作人员。一般情况下，一个督导者对应一个（或几个）受督导者。这样的安排有利于促进亲近的督导关系和及时的督导反馈，对于督导者的工作量压力亦不会太大。其次，督导者用于督导工作的工作量和工作效果需要得到机构的承认。机构的管理者有责任对受督导者的个人情况进行初步评估，例如：过去的工作和实务（习）经验、专业背景、目前能力、生涯目标、学习期望、督导目标、文化、专长、偏好等。在此基础上，在机构中为受督导者初步匹配可以满足其期望和需求的、可以担任督导角色的工作人员，安排后续的会谈。

（二）督导环境的准备

理想的状态下，机构最好在机构内提供较合适的督导环境，用于仅限于督导者和受督导者的督导会议之用，尽量是一个独立舒适的空间，可以是督导者的办公室，或是小会议室等。督导环境应该注意四个“C”，即：Confidentiality（保密）、Comfort（舒适）、Communication（沟通）和Compatibility（一致性）。

保密：环境能确保隐私，尤其讨论敏感话题时，能令督导者和受督导者都感到安全、可靠。

舒适：双方都能无拘无束，畅所欲言。

沟通：环境适合沟通，能促进督导双方清晰、开放地交流。

一致性：环境的安排和机构的目标、结构、文化相配合。

（三）机构主管和其他部门的支持

受督导者进入工作初期，由于对于机构的组织运作不熟悉和经验的缺乏，可能会对工作带来一些影响。如果得不到督导者以外的相关工作人员和领导的支持，会感受到压力和被拒绝感，这些负面的感受会影响受督导者的专业认同和机构参与，甚至影响督导效果和专业成长，所以有效的督导需要机构主管和其他部门的配合，支持受督导者，同时支持整个督导工作。

第二节 社会工作督导的开始阶段

在社会工作督导的开始阶段，即在没有正式开始督导工作之前，这一阶段最重要的议题是：督导者和受督导者之间建立起相互协作、相互信任的督导关系。在形式上可以通过初次会谈来达成，并最终落实在口头或书面的督导契约上。Powell（1993）指出，契约借由责任和义务的厘清，为督导者和受督导者双方提供了实际可行的工作，指明了明确的方向并降低了受督导者的焦虑。他同时指出，建立良好的督导关系需要达成以下目标①：建立信任与尊重；评估受督导者的实务知识与技巧经验、训练需求；共同制定行为规范的协议，为督导会议建立基础规则；设立学习目标。

一、督导关系的建立

（一）建立信任与尊重

督导关系是社会工作督导的核心，也是互信和有效沟通的基础。社会

① Powell, D. J. Clinical Supervision: Skills for substance counselors. New York: Human Science Press, 1993.

工作督导的过程，实际上就是督导者与受督导者人际沟通的过程。通常情况下，一个督导者只督导一个人，两个人定期面对面接触，共同处理难题，需要在沟通的过程中不断地自我披露和挑战自我，彼此的精力、专业和情绪都处于不断碰撞的状态。在这样一个重要关系建立的初期，两人之间信任与尊重的建立是最应该首要关注的主题。

Shulman（1993）[①] 认为，沟通的自然属性中包含着不可忽视的间接性。在沟通的过程中，当受督导者有一些顾虑、问题甚至负面的反馈，较难通过语言沟通直接表达清楚的时候，督导者很难真正明白他到底想说什么。这个时候，督导者所准备（或具备）的同理心就会起到很重要的作用。督导者要尝试站在对方的立场，以开放和诚恳的态度，挖掘受督导者真实的动机和真正想要表达的内容，并给予有效的澄清和反馈。这样的工作方法有利于增进相互的信任与尊重，也为未来更加诚恳的沟通氛围奠定了基础。

（二）督导者的分享

在督导关系建立的初期，受督导者对于督导的目的、督导者角色和权力范围是急迫希望得到答案的，这三个问题也是关系建立过程中最核心需要解答的问题[②]。如果这些问题在关系建立初期没有得到很好的解答，受督导者会感到非常困惑，不知道应该问什么问题，也不知道督导者如何才能帮助自己。在未来的督导过程中，会不断增加焦虑和不确定性，对督导关系会产生负面影响。甚至有时受督导者会参考自己的过往经验，对督导产生不必要的猜想或者偏见[③]。

因此，在初次会谈的过程中，督导者需要向受督导者口头说明和澄清以下四方面的内容：

---

① Shulman L. Interactional Supervision. Washington, D. C.: NASW Press, 1993.

② Schwartz, W. Social group work: The interactionist approach. In J. B. Turner (Ed.), Encyclopedia of social work. New York: National Association of Social Workers, 1977, 2: 1259.

③ Ming－sum Tsui. 社会工作督导：脉络与概念［M］. 陈秋山，译. 台北：心理出版社，2005.

1. 督导的目的

表达督导者所理解的督导的目的。

2. 督导者的角色定位

关于督导者的自我介绍，重点介绍擅长的领域，及可以为受督导者提供的帮助。

3. 督导者的权力范围

工作的义务和职责的要求。

4. 工作环境介绍

受督导者虽然可能已经了解了一些和机构及其实务工作相关的内容，但是会谈中督导者可以全面地进行介绍，以免遗漏。内容可以包括：机构的政策；服务对象和服务内容；社会工作者的角色；机构可能提供的学习机会和要求；可能的工作范围；相关机构内外的合作伙伴等。对于机构的工作规则，在着装、安全、紧急情况处理的要求，工作时间，工作量，例行会议，督导时间和要求，等等，也有必要进行较明确的说明。

二、督导契约的拟定

进行社会工作督导之前，在督导者与受督导者互相了解且基本匹配的基础上，共同讨论制定一份督导契约是有必要的。建立契约的目的主要是为了让督导者和受督导者之间在期待、界限、目标和行为规范等方面取得共识。因为在督导过程中协调双方的差异非常困难，所以在督导过程开始之前取得上述共识尤为重要（Tsui，2005）①。Shulman（1993）② 建议，在了解受督导者情况的基础上，督导者要分享自己的想法，说明自己作为督导者的角色，收集受督导者的反馈，并且一起讨论相互之间的义务与期待。

（一）评估督导需求

在拟定督导契约之前，督导者需要先了解受督导者的实务知识、技巧

① Ming－sum Tsui. 社会工作督导：脉络与概念［M］. 陈秋山，译. 台北：心理出版社，2005.

② Shulman L. Interactional Supervision. Washington，D. C.：NASW Press，1993.

经验和训练需求。在初步介绍了督导者各方面的情况后，可以进入到对受督导者的评估。此时，受督导者已经对机构和督导者有了较清晰的了解，更容易敞开地进行自我介绍，并结合自己的实际情况和未来工作的需要，提出自己对于督导的期待和目标。这一阶段的会谈包括的内容有：

1. 过去的工作或实习经验

是否在相关机构工作过？工作内容和经验是什么？对你个人的影响是什么？

2. 选择此工作/机构的原因

对机构的理解是什么？期望在这里做什么？为什么会选择这个工作（动机）？想要获得什么？

3. 目前的能力和需要成长之处

你的专长是什么？（如果说自己沟通能力好，请他进一步说明好在哪里）你认为自己进一步要学的是什么？通过深入具体的讨论，了解受督导者对个人工作能力的自我认知是否有扭曲的部分，了解其对自己的评价是否客观。

4. 期待从督导中得到什么

你所期待的机构和督导者能给你提供的工作机会和学习机会是什么？期待督导者可以给你哪些方面的帮助？受督导者的主观期待可能和实际情况有差距，通过会谈了解差距，可以为之后的磋商或寻求双方都能接受的结果作准备。

5. 个人情况

简要的自我介绍：你的学习习惯/学习模式是怎样的？你的兴趣偏好是什么？是否有特殊情况或特殊工作需求？

在这个沟通交流的过程中，督导者要对受督导者的反馈具有敏感性，对受督导者提出的需求进行初步的教育性诊断，主要包括：学习形态、学习动机、人格特质、自我了解、潜能和问题、个人能力和技巧、对督导的看法等。积极收集反馈，通过共同讨论的方法，协助受督导者找到自己的需求、期待，从而共同制定目标、方法，并落实在督导契约上。

（二）制定契约

契约的形式可以是口头约定或书面合约。建立确定且实际的督导契约，可以明确督导双方的责任，具体可行的工作任务和学习目标，提升督导效率，降低受督导者焦虑和挫折感的产生。合宜的行为规范标准，也为未来督导会议的顺利展开提供了保障。

1. 督导契约的内容

Brown 与 Bourne（1996）认为，督导契约应该包含九个要素①：

（1）关系的本质。

（2）督导的形式。

（3）责任与信任。

（4）重点。

（5）有计划的时间表。

（6）保密。

（7）设定议程和会议记录。

（8）价值。

（9）评估。

2. 督导契约的议题

Osborne 与 Davis（1996）认为，督导契约必须提及六个议题②：

（1）督导的目标。

（2）服务的脉络。

（3）评估的方法。

（4）职务与责任。

（5）程序中需要考虑的事情。

（6）督导者的权力范围。

---

① Brown, A., Bourne, I. The social work supervisor: Supervision in community, day care and residential settings. Philadelphia: Open University Press, 1996.

② Osborne, C. J., Davis, T. E. The supervision contract: Making it perfectly clear. The Clinical Supervisor, 1996, 14 (2): 121-134.

3. 目标的设定

结合督导双方的意见，需要共同讨论出督导的目标。督导过程中所设定的目标要具体、明确、可行、实际、可能达成、与工作相关、可修正，且需要有先后顺序。

4. 问题的思考与回答

为了确认督导者的知识和技巧是否与受督导者的需求符合，Fox（1983）建议双方可以通过思考并回答以下问题来获得答案①：

（1）我们对彼此的期待是什么？

（2）我们可以给对方什么？

（3）我们的目标是否相同？

（4）我们要如何达成这些目标？

（5）目前的限制是什么？

（6）我们如何知道已达成目标？

通过和受督导者一起回答这些问题，督导者可以借此评估受督导者的实务知识与技巧经验、训练需求，并与受督导者共同制定行为规范的协议，为督导会议建立基础规则。

从一开始就将关系定位为共同承担责任的伙伴关系并致力于成功，这点是非常关键的。因此，在督导的开始阶段，通过督导双方的互相开放和充分了解，督导关系可以得到进一步的升华。也借由督导契约这一工具，让双方在未来合作的过程当中目标一致、齐心协力。

第三节　社会工作督导的中间阶段

社会工作督导的中间阶段也可以叫作工作阶段，该阶段是督导过程的核心阶段。督导的内容涉及行政性督导、教育性督导及支持性督导三个领

① Fox, R. Contracting in supervision: A goal oriented process. The Clinical Supervisor, 1983, 1: 37-49.

域。根据受督导者在不同发展阶段的需要的侧重点，通过督导会议的形式，督导者有计划地进行督导。这个阶段的主要工作内容是，以双方共同拟定的督导契约为大方向，围绕着受督导者实际工作中遇到的问题和期待展开，督导者给予及时的反馈和建议。

社会工作督导的长期目标（终极目标）是向服务对象提供有效率且有效果的社会工作服务，短期的目标可以被分成三个不同的领域，也就是行政的、教育的和支持的督导。

一、督导的领域及内容

社会工作督导的领域主要划分为行政性督导、教育性督导和支持性督导，在每一个领域内的督导都有其关注的重点和特定督导内容。在实际进行督导时，督导者应该以支持性的讨论为先，以坦诚的态度引入督导，鼓励受督导者以真诚开放的态度分享，并作出回应。当话题打开之后，可以邀请受督导者就负责的工作范围表达他的工作感受，督导者针对其提出的问题和困难予以建议指导。

（一）行政性督导

行政性督导所关注的内容是正确、有效、恰当地执行机构的政策和程序，目标是确保坚持执行政策和程序。Kadushin 和 Harkness（2002）[①] 指出，督导者最关心的是正确、有效及适当地执行机构的策略与政策。

行政性督导的意义集中于妥善地执行工作和维系机构的有效运转及问责。督导者需要为受督导者提供一个有效提升工作效能的环境，包括生理、心理、社会、机构文化各层面[②]。从长期的角度来看，督导是为了提高服务素质而设的，提升社会工作者的工作效能的目的是为了更好地提供服务。

---

① Kadushin, A. & Harkness, D. Supervision in social work（4th ed.）. New York: Columbia University Press, 2002.

② Ming－sum Tsui. 社会工作督导：脉络与概念［M］. 陈秋山，译. 台北：心理出版社，2005.

行政性督导的部分，内容上应该仅限于和受督导者有关的，最好以其他工作会议讨论以外的内容为主，日常行政工作的内容也应留在常规工作会议中解决，不必要在督导会议中重复提出。在督导会议中，讨论的行政内容可以包含督导契约中的相关范围，也可以是受督导者实际工作中遇到的问题。同时，员工关于行政部分的分享，也不应该作为员工工作绩效考核的参考，以免增加其压力，形成寻求督导的阻碍，或影响督导者与受督导者之间建立信任关系。

（二）教育性督导

教育性督导关注的内容是社会工作知识、技巧、态度和价值的传授。社会工作督导本身就是一个教育过程，以协助社会工作者自我及专业发展为主要任务，包括专业知识及技巧的传授、专业伦理的培养等。目的是解决员工服务知识和技巧与资讯不足的问题，并以提升知识为主。

1. 教育性督导的内容

帕尔曼（Perlman，1947）指出，每个社会工作者都需要学习的东西可以用四个“P”来概括，即People（人）、Problem（问题）、Place（地点）和Process（过程）[①]。Kadushin（1985）增加了第五个“P”，即Personnel（员工），也就是提供服务的工作者[②]。

无论是哪一种社会工作，都可以归结为一个当事人遇到了社会功能方面的问题，来到社会服务机构寻求帮助的一个过程，而提供帮助的人是一个社会服务工作者。在教育性督导中，督导者提供教育的所有内容都和上述5个“P”有关。在实际督导操作中，教育性督导的内容以督导契约中达成共识的范围为主，且集中于受督导者实务所遇到的问题。

2. 教育性督导的5个“P”的内容

（1）People（人）：人的一般需要；人对社会问题压力的行为反应。

---

① Perlman, Helen H. “Content in Basic Social Casework.” Social Service Review, 1947, 21: 76 - 84.

② 阿尔弗雷多·卡杜山，丹尼尔·哈克尼斯．社会工作督导［M］．郭名倞，等，译．北京：中国人民大学出版社，2008.

（2）Problem（问题）：社会问题的原因；社会问题的心理、社会本质；社区对特定社会问题的反应。

（3）Place（地点）：机构的组织框架和行政；所有社区服务网络；机构的目标、政策等。

（4）Process（过程）：提供帮助的技巧；社会学习，诊断，治疗，资料收集和处理，干预，评估；资源，社会影响力。

（5）Personnel（员工）：发展更多的自我意识。

（三）支持性督导

支持性督导主要用于协助受督导者减轻工作中产生的压力和耗竭（burn-out），并协助其提高工作士气和工作效率。短期目标是帮助员工热爱其工作，并从工作中得到满足。督导者在其中需要履行的是治疗责任，以洞察和支持作为支持性督导的工作方法和目标①。在支持性督导的过程中，一个积极和谐的督导关系显得尤为重要，受督导者对督导者的信任和开放，督导者对受督导者的关怀和支持，都会加速减轻因压力造成的负面情绪。

1. 受督导者压力的来源

Kadushin（1985）指出，受督导者的压力来源包括：行政性督导、教育性督导、督导关系和人际关系、服务对象的压力、任务的种类和背景、机构的调整和动荡、社区的态度等。

2. 督导者实施支持性督导

督导者通过一系列方法来实施支持性督导，可以巩固受督导者的自我防御并增强其自我能力来处理工作的压力和紧张，这些方法包括：

（1）普遍化。

（2）赞许和嘉奖。

（3）消除疑虑。

（4）基于现实的信心表达。

（5）鼓励和认可个人成就。

---

① 阿尔弗雷多·卡杜山，丹尼尔·哈克尼斯．社会工作督导［M］．郭名倞，等，译．北京：中国人民大学出版社，2008.

（6）专心聆听以传达兴趣和关注。

（7）宣泄以帮助纾发压抑的情绪。

二、受督导者的四个发展阶段

为了提高督导工作的效率，除了了解社会工作督导的内容，督导者也可以关注受督导者在不同发展阶段的实际情况和接受程度，这样有助于督导者计划性地、合乎时宜地提供督导。Hawkins 和 Shohet（1989）提出，受督导者在接受系统的督导过程时，按照时间顺序可以划分为四个层次，即：以自我为中心、以服务对象为中心、以过程为中心和以情境中的过程为中心[①]。在每个阶段，督导者需要采用与之相适应的督导风格和方法，督导内容所关注的重点也是不同的。当受督导者获得一定经验，进入不同的发展阶段时，督导者的督导风格和方法需要随之进行调整。

（一）层次一：以自我为中心

第一阶段突出的特征是被督导的社会工作者对督导者的依赖。虽然在这个阶段他们的学习动机很强，但是由于对自己角色和完成任务的能力缺乏自信和洞察力，常常感到焦躁不安。在这个阶段，督导者需要为被督导的社会工作者提供一个结构清晰的环境，这个环境将给予受督导者正向反馈和鼓励，让他把注意力集中在实际工作的事件内容上，而非因为仓促或不成熟的工作决断而导致的焦虑后悔上。这一阶段关注的问题围绕着“我在工作中可以做这个吗？”

（二）层次二：以服务对象为中心

受督导者在这个阶段已经大体克服了最初的焦虑不安，但是他们仍旧在“依赖与自立”“过分自信与极度自卑”之间摇摆不定，这常常是由于受督导者对自己工作表现以及对服务对象影响的评价而来。在这个阶段，督导者可以尽量多地提供情感支持以缓解受督导者受到的负面影响，可以

---

① Hawkins, P. and R. Shohet. Supervision in the Helping Professions. Milton Keynes, UK: Open University Press, 1989.

就如何正确地自我评估和反省给予引导。这一阶段需要回答的问题是“我可以帮服务对象做这个吗?”

（三）层次三：以过程为中心

在此阶段，受督导者展现出更多的专业自信，已具备了较好的洞察力，对工作和学习也展示出了较稳定的动机水平。他们对督导者产生有条件的依赖，即在某些特定问题和操作上，他们会提出具体的问题和期待。督导者在这一阶段会更多地分享和充实案例，更大扩宽受督导者对于工作的眼界，例如：对于治疗关系的整体认识；案主的个人历史、外部生活环境、社会环境；资源；等等。这一阶段需要回答“怎样联系在一起?”

（四）层次四：以情境中的过程为中心

此时受督导者已经达到专业水准，其特征表现为：个人的自主独立，洞察力敏锐，充分自信，动机稳定，懂得要面对其自身的个人与专业问题。在这一阶段，督导者应将自己作为一面镜子，帮助受督导者反思自己的工作内容是否合理，如何改进；帮助案主时的干预过程是否恰当；是否达到了工作效果、满足了案主需求、解决了案主问题、提升了案主利益；等等。帮助受督导者在自我实践的过程中增长智慧，总结经验，并不断拓展提升的空间。这一阶段回答的问题应该是“怎样使整个过程融会贯通?”

三、督导会议

督导会议，也叫督导例会，作为社会工作督导比较主流的一种形式，也是社会工作督导这个互动过程中非常重要的一环，一般是由督导者和受督导者组成的较私密的会谈。督导双方需要遵守督导会议固定的举办时间和规范。督导会议的内容涉及行政性督导、教育性督导及支持性督导三个领域，以双方共同拟定的督导契约为大方向，围绕着受督导者实际工作中遇到的问题和期待展开，督导者给予及时的反馈和建议。

（一）环境和地点

在社会工作督导的准备阶段，机构要注意督导会议的环境的准备工作。比较理想的情况是，督导会议在一个特定舒适的环境召开，如办公室或会议室。应该要注意尽量兼顾保密、舒适、沟通、一致性的原则。

（二）时间安排

督导会议的频率和长度并没有硬性的规定，可根据督导双方的学习需要、实际工作安排、工作环境、喜好等很多因素作出个性化的安排。但是在一个固定的督导关系中，督导会议的频率和长度应该是固定不变的[①]。

1. 会议频率

督导会议必须定期举行，因为有所约定，所以让人觉得有所信赖。会议频率的设定并没有统一标准，可根据各方当事人的需求而定，包括督导者、受督导者、机构与服务对象各方面的需求，受督导者的教育训练需求、督导者执行的评估安排、机构的要求以及服务对象问题的迫切性，都应该列入考量。根据实际经验，督导的频率可以设定为每周一次、每周两次、每两周一次、每三周一次、每月一次等，其中每周一次较为常见。督导的频率可以依据受督导者的发展阶段进行调整，刚开始受督导者相对经验不足，可安排较为频繁的会议。当受督导者获得较多经验之后，双方达成共识，则可以将两次督导会议之间的间隔拉长。

2. 会议长度

督导双方应该紧守每次督导的时间，每次开始、结束的时间和长度都不应该随意改变。一个比较合适的督导会议长度可以安排在一个小时至一个半小时左右。

（三）督导会议的准备

1. 资料

督导双方可以根据本次督导会议讨论的主题，预备一些书面资料作为讨论的基础和参考，例如个案记录、报告、项目计划书等。

2. 议程

对于本次督导会议要讨论的内容，督导双方可以有计划地作出准备。

---

① Brown, A., Bourne, I. The social work supervisor: Supervision in community, day care and residential settings. Philadelphia: Open University Press, 1996.

例如，可以把本次督导会议将要讨论的内容要点一一列出，形成书面上的议程（Agenda）。在性质上，议程和督导契约类似，不同的是，督导契约指的是受督导者整体学习计划和督导大方向，而议程指的是为了达成大目标而制订的阶段性、临时的小计划，旨在为某一次督导会议所服务。

督导会议的议程应该主要由受督导者主导，其根据自己近期的工作情况和学习需要来草拟。督导者也可以根据自己的观察，将自己认为需要在督导会议中提及的内容补充进去。在两次督导会议之间，双方都可以在工作中判断什么问题可以拿到督导会议中处理。这样做不仅保障了受督导者的自主性，而且可以提高督导会议的效率，可适时地将会议时间进行科学分配。

（四）督导会议的内容

1. 会议内容与时间的分配

以一个九十分钟的督导会议设定为例（徐明心，2003）[①]，相对科学的时间分配可以设定为：

（1）开始的十五分钟：主要用于受督导者分享工作感受，督导者打开话匣以示开放。这一阶段的分享不必涵盖所有内容，但是需要分享真实所感、所惑。

（2）三十分钟：进入开放诚恳的讨论状态后，可以讨论和受督导者有关的行政和工作上的安排，或是在日常员工会议时不适合提及的敏感性事务。内容上尽量与日常的工作报告会区别开来，以避免重复和时间的浪费。

（3）五分钟休息：这一小段的休息时间是必要的，因为在正常情况下，人的注意力大约只能维持四十五分钟。在实际情况中，交流中暂时的停顿也会帮助彼此整理思路，更好地梳理语言。

（4）后三十分钟：这一阶段的时间可以进行专业价值、知识和技巧的专题讨论与分享。

---

① 徐明心，何会成．社会工作督导：理论、实践与反思［M］．香港基督教服务处，2003.

（5）最后十分钟：督导会议总结和下次督导会议的提示。

以上是一个最理想的督导会议时间安排的例子，这样的顺序可以使督导双方都感觉到舒服和安心，也因为拥有安全感，彼此才更容易开放自己、接受改变和成长。

2. 督导会议的四个阶段

Coulshed（1990）将督导会议分成以下四个阶段：

（1）描述：让受督导者描述具体发生的境况，而督导者基本不予以指导。

（2）澄清：督导者尝试去理解受督导者所察觉到的境况的实际内容。

（3）分析：督导者帮助受督导者明确哪些可能成为问题的各个方面，例如“哪些是有帮助的？哪些没有？为什么？从中你学到了什么”等。

（4）执行：指帮助受督导者形成下一步的行动计划，且这个行动是确实可行的，是达成共识的，也是与问题相对应的。

3. 督导会议技巧

在社会工作督导的中间阶段，督导者需要灵活运用督导技巧。Shulman（1993）提出的关于督导中间阶段可以运用的技巧[1]主要包括（详解见督导技巧章）：

（1）鼓励受督导者说明问题细节的技巧。

（2）同理心的技巧。

（3）分享感受的技巧。

（4）果断的技巧：用以要求工作。

（5）消除障碍的技巧。

（6）分享资料的技巧。

（7）结束会议的技巧。

4. 督导会议的结束

（1）在每次督导会议的结束阶段，对于督导者来说也是非常考验能力的。在这一阶段，督导者需要完成以下任务：

---

① Shulman L. Interactional Supervision. Washington, D. C.: NASW Press, 1993.

其一，总结和概括：每次督导结束时，督导者花几分钟来总结这次会议讨论过的内容，包括：确定达成一致的意见；回顾与案例有关的理解；精确地指出在会议中出现的重要想法等。督导者可以用从细节谈到整体的方法来概括整个督导会议，并以此作为会议的结束。

其二，明确下一步任务：经过了总结和概括，工作的目标应该已经浮现出来并已达成共识。督导者应该帮助受督导者指出完成目标所需要进行的下一步行动。

其三，预演练习：针对某些技巧的指导，可以在会议结束之前进行简短的预演。如果有任何问题也可以及时指出，方便受督导者在之后的工作里正确练习。此举亦可增加受督导者的信心，使其在面对未来相似或更困难的情况时可以冷静应对。

（2）警惕“门把手综合征”。有时在督导会议的结尾，受督导者会突然提出另一个很关键的问题，但是这个时候已经没有时间进行详细讨论了。这种将最重要的问题留在最后的形式称为“门把手综合征”（Doorknob Syndrome）。这样的情况可能由两个原因造成：

其一，因为受督导者缺乏自信，或还没有完全敞开心扉，担心问题不被解决或自己不被接纳而导致的拖延。这时督导者可以帮助他们意识到这个情况，并更多鼓励他们用更直接、更自信的形式提问。

其二，可能由于督导内容的安排不科学造成，例如，在督导的过程中双方花费了较多时间在讨论细节或不太重要的问题，而导致重心有所偏移。对此，督导双方都要吸取教训，对未来的督导会议重新安排。本节之前所提到的“会议议程”可以在这里善加利用，以尽量避免这种情况的发生。

（3）督导记录

每次督导会议都应该作记录。督导双方可自行记下会谈内容以作为记录。督导记录可以用作行政问责、专业发展以及日后跟进等用途。督导记录也可以作为日后评估的重要资料，但是要尽量避免将督导会议变成员工的工作评估会议，否则会令督导气氛变得紧张和过于政治化。

第四节　社会工作督导的结束阶段

社会工作督导的结束阶段是整个督导过程中、结束督导关系之前的最后一个阶段，也是不可或缺的一环。督导者应该有计划，并且妥善完成各项结束任务。这一阶段的工作重点有三：首先要做好工作的交接和转介；其次要处理好受督导者结束时的分离情绪；最后协助受督导者回顾和评估个人成长，提出建议，帮助其计划未来。

通常，社会工作督导的结束表现为三种形式，即：受督导者离开工作岗位，或督导者离开工作岗位，再或受督导者成长了，不需要督导者提供督导服务了。针对离开工作岗位的受督导者，督导者应该安排最后的面谈，即离职面谈。受督导者可能因为不同原因离开现在的职位，例如升迁、进修、辞职、退休甚至被辞退，无论何种原因，面谈都是必要的。

Shulman（1993）认为，督导者之所以要重视社会工作督导结束阶段的处理，是因为受督导者在这一阶段其实也面临着要和服务对象结束工作关系①。如果受督导者的情绪没有被处理好，不可避免地会影响机构的服务效果。督导者可以通过一系列的步骤来帮助受督导者很好地度过这个阶段。

一、确认结束时间

督导者可以在工作会议等正式场合，知会其他工作人员正式确认结束时间，用以确定结束阶段的开始。

二、工作交接

督导者需要协助受督导者将未完成的工作恰当地移交给另一个人，确

① Shulman L. Interactional Supervision. Washington, D. C.: NASW Press, 1993: 143.

保服务对象和社会工作者的感情得到合适的处理。如果是督导者离职，不仅工作上需要交接完善，也要积极地在移交阶段帮助新督导，从而确保服务的稳定性和持续性。

三、认可贡献、表达赞赏

督导者回顾督导过程，总结双方共事以来所有共同努力的成就，应该对受督导者在督导过程中投入的努力和在工作中作的贡献表示肯定与欣赏。可以在正式的员工会议或工作会议上，简要总结该受督导者的工作贡献。

四、正视分离焦虑

一段关系的结束，督导双方中可能会有人对督导结束感到如释重负，也可能有人因为即将失去一个很重要的关系而感到难过，但不论督导关系怎样，都会因为关系的缺失和对未来的不确定性，而产生焦虑、不安的情绪反应。在实际工作过程中，可能表现为督导会议中的淡漠，或表达对未来的忧虑。对此，督导者应保持敏感，给受督导者提供机会以表达自己的感受。

五、感受的表达

这是在督导结束阶段最重要的一步。督导者表达对这段督导关系终止的感受，无论是正面或是负面的感受，都应当有所提及。这一步需要督导者采取主动，以营造一个诚恳表达的氛围。这样做，对此阶段的受督导者，不仅在情绪上会起到很大的安慰作用，而且会鼓励他分享相似的感受，甚至是在之前工作关系中较难提及的一些感受。人们常常用某种仪式来标志分离——聚餐、聚会或者交换礼物，这会让受督导者感到自己是机构中有价值的一员，员工私人之间的告别也会让其感到被认可和尊重。但是正式场合告别还是需要督导者（管理者）来组织，也可以鼓励其他员工表达他们的观察和感受。互相表达感受是处理离别情绪和分离焦虑最直接的方法。

六、总结性评估

在督导的结束阶段，督导者可以对督导作一个总结性的评估，旨在总结整个督导过程中的督导成效，其中包括对督导者的评估、对督导过程的评估以及对受督导者的评估等。在此，主要说明对受督导者的评估。

（一）督导评估的定义

督导评估是对社会工作者在某一特定时期内工作的总体表现的客观评价①。评估能够而且应当对受督导者的专业成长有所帮助，因此它是行政性和教育性督导的一个构成元素，也是支持性督导的构成元素。另外，明确的反馈可以帮助社会工作者获得成就感，降低角色模糊所带来的紧张感，能提供积极的强化，有助于其出色地完成工作。

（二）评估的内容

1. 评估标准

（1）认知方面的标准，比如价值观和伦理规范、理解力和知识以及自我意识。

（2）情感表达方面的标准，比如人际关系方面的态度、感受、关系。

（3）工作表现方面的标准，比如访谈技巧、预估技巧以及在开展社会工作过程中解决问题的技能②。

---

① Schmidt, Frances and Martha Perry. "Values and Limitations of the Evaluation Process. Ⅰ: As Seen by the Supervisor. Ⅱ: As Seen by the Worker." In Proceedings of the National Conference , 1940.

② 阿尔弗雷多·卡杜山，丹尼尔·哈克尼斯．社会工作督导（第四版）［M］．郭名倞，等，译．北京：中国人民大学出版社，2008.

2. 评估内容

评估的内容可以与督导契约相对应起来，通过评估来衡量受督导者是否达到了双方所期待的训练学习目标。评估在内容方面通常包括的核心领域有：

（1）与当事人系统建立并维持有意义的、有效的、适宜的专业关系的能力。

（2）社会工作过程——知识与技能，包括收集资料的能力、诊断技能、干预技能、面谈技巧和记录技巧。

（3）机构行政管理的目标、政策和程序方面的意识。

（4）督导关系和对督导的使用，即懂得合理、合时地寻求督导帮助，认真对待督导会议和督导建议。

（5）员工关系和社区关系，即与机构各级员工、各部门员工、机构相关的社区建立积极关系，并熟知相关社区资源。

（6）工作要求和工作量的掌控。

（7）专业品质和专业态度。

（8）文化能力评估，即对于文化差异性和多样性的理解。

（三）总结优缺点，计划未来

在结束阶段，督导者总结整个督导过程的不同阶段，并说明受督导者已经学到什么、是如何成长的。对受督导者的优势与弱点给出评价，让受督导者看到自己的成长和进步，在了解自己长处的同时也了解到自己需要再努力之处。对未来自己的能力发展有初步规划，明白自己还需要经过哪些学习才能够成为合格的专业社会工作者。在面对未来挑战时，可以知己知彼、有所准备。

在讨论自己的未来职业规划时，受督导者有时也会感到迟疑和不确定。在结束阶段，督导者不妨和受督导者一起讨论其人格特点、兴趣领域和能力，在未来选择什么领域，做什么样的改变，会有比较好的发展。因为共同经历了长时间的督导互动，督导者客观的了解和结合专业观察所给出的建议，对受督导者来说是十分中肯和有影响力的。

本章小结

本章详细梳理了社会工作督导的基本流程，其主要划分为准备阶段、开始阶段、中间阶段和结束阶段。在准备阶段，督导者首先明确自己的角色，在知识和态度上做好督导他人的准备。进入开始阶段之后，建立互相信任、互相合作的督导关系是双方需要努力的最重要的目标；督导协议的达成也为督导工作设立了大框架并指明了方向。督导者在中间阶段进行主体的督导工作，根据受督导者发展的四个不同阶段的需要，在行政领域、教育领域和支持领域提供督导，并在结束阶段就督导对象的学习成果进行总结和反馈，处理好分离情绪，并协助他做好工作的交接。

第七章　社会工作督导的技巧

社会工作督导被看作是一个督导者和受督导者之间的动态过程，呈现一定的阶段性，Shulman（1993）、Alonso（1983）、Hess（1986）、Stoltenberg（1987）、Watkin（1993）和 Ming - sum Tsui（2008）等都对督导作出了分类和界定，认为每个阶段因其任务不同，所使用的技巧也有很大的区分。在社会工作督导中，技巧往往是指基于社会工作价值和伦理，经过反复经验逐渐被习得的，用于社会工作督导实践的能力①，这些技巧在微观层面被整合起来，融入社会工作督导的具体实践中。

第一节　准备阶段和开始阶段的技巧

在准备阶段和开始阶段，督导者需要分享自己的想法，澄清作为督导者的角色，收集受督导者的反馈，并与受督导者一起讨论督导者与受督导者之间的角色和信任关系②。因此，这一阶段常用的技巧包括组织和开始会议的技巧、调频的技巧、签约的技巧、沟通的技巧、倾听的技巧以及赋权和使能的技巧。

---

① 陈锦堂. 社会工作督导：经验学习导向［M］. 台北：巨流图书股份有限公司，2015：91.

② Ming - sum Tsui. 社会工作督导：脉络与概念［M］. 台北：心理出版社，2014：114 - 115.

一、组织和开始会议的技巧

不管是哪种类型的督导，督导者往往都扮演着组织督导会议的角色，督导会议一般持续一个小时至一个半小时，督导者要为开始督导会议做引导的准备工作。督导者应该预测受督导者在会议中可能的关注点和感受，以及自己对可能影响工作冲突的感受。

在会议开始前，督导者可以让受督导者提交一份督导会议需要提及的问题以及需要讨论的详细议程，在这个过程中可以促进受督导者思考哪些问题需要和督导者讨论，哪些问题是自己可以处理的。在会议开始时，督导者可以使用一些方法来促进会议的开始，比如让受督导者先讨论、了解受督导者最想讨论的或最想避免的、通过口头语言和肢体语言等来表达感觉、表达对受督导者的关注等①。

二、调频的技巧

Shulman（1993）和 Ming - sum Tsui（2008）均主张调频的技巧是准备阶段和开始阶段督导者的重要技巧，也就是发展一种督导者为受督导者设身处地着想的初步同理心，同时也与组织内的同事建立一种新的工作关系，对彼此新的角色作出调整。

在组织内，当一个人转到新的督导位置时，一种新的边界容易在同事之间形成，这种现象有时会让大家感到不适。因此，为了更好地与受督导者一起工作，调频的技巧要求督导者必须熟悉受督导者的背景资料，包括其价值观、文化、态度、专业知识、习惯。如果是组织外的督导，还应熟悉组织的资料，包括组织的历史、宗旨、使命、业务内容、组织架构等。

调频的技巧同时也要求督导者不应该一开始就以“应该知道怎么做”

---

① 陈锦堂．社会工作督导：经验学习导向［M］．台北：巨流图书股份有限公司，2015：99.

来要求受督导者如何如何，而是要站在受督导者的位置上来思考应该如何开始，协助受督导者从心理和态度上觉得能够在一起工作是很重要的。在开始阶段，调频要求督导者必须聚焦在受督导者已经遇到的具体问题上，协助受督导者表达其情绪和感受，双方以真诚的态度和正面的动机来面对彼此，发展出相互的信任和有效的沟通①。

三、签约的技巧

督导是一个动态的过程，进入督导关系的第一步则是督导者和受督导者之间协商出一个清晰明确的契约，使督导者和受督导者之间的关系结构化和正式化，包括督导工作的目的、相关各方的角色、责任和期望，体现一个有形的伙伴式关系②。

良好的签约技巧主要体现在两个方面：第一，不管是书面合约还是口头的协议，都应该确保双方已经达成了共同的理解。合约的语言应该是清楚的、明确的和易懂的，比如应该明确每次会面的时长、持续周期和基本原则，以及中间涉及的保密等问题。另外，订立合约时保留一定的灵活性有利于在必要的时候作出相应的修改③。

第二，详细安排每次的督导内容，虽然督导合约约定了督导的目标、角色、责任、形式和结构，但督导的内容取决于每次督导的状况，以及督导者和受督导者双方的共识，督导者应该将已经安排好的议程视为暂时性的规划。另外，每次督导可以将紧急事项排进议程，在合适的时间专门讨论这些紧急事项④。如在督导一个儿童服务机构时，某次的督导议程为讨论筹建新的社区儿童服务中心，在督导会议一开始，受督导者提出在最近的工

① Ming－sum Tsui. 社会工作督导：脉络与概念［M］. 台北：心理出版社，2014：114－115.

② 特里维西克. 社会工作技巧实践手册［M］. 上海：格致出版社，2010：213.

③ 特里维西克. 社会工作技巧实践手册［M］. 上海：格致出版社，2010：214.

④ Ming－sum Tsui. 社会工作督导：脉络与概念［M］. 台北：心理出版社，2014：114－116.

作中发现服务对象中有一名儿童疑似正遭受家庭暴力，面对这一紧急情况，督导者在前十五分钟首先和受督导者讨论了这一议题，协助受督导者检视下一步的介入工作。

四、沟通的技巧

良好的沟通技巧是社会工作实践的核心，也是有效社会工作督导的核心。Barker（2003）认为，沟通是指语言的和非语言的信息交换，包括所有用以传递的接受知识的方式。因此，督导者在社会工作督导过程中，通过沟通理解受督导者所传递的信息，并将其想法和感受转化成语言，这是一项关键技巧[①]。

社会工作督导中，督导者应及时意识到受督导者传递的信息，并通过书面、口头和肢体语言等形式，准确无误地向受督导者传递自己的观点和感受。有效的沟通方法包括：保持同理心、有效倾听、积极反馈。一次针对个案的督导中，督导者通过有效的沟通，清楚而简明地回应了受督导者的问题。

受督导者："我一直试图不去在意服务对象对我的评价，但有时确实做不到，还会在意。"

督导者："虽然你尽了全力，但你忍不住还是会在意服务对象对你的评价。"

五、倾听的技巧

倾听是社会工作服务中的重要技巧，也是贯穿整个督导过程的基础性技巧。这里的倾听是指积极倾听（active listening），它反映了作为倾听者的特殊的、高度的警觉意识（Lishman，1994：63），目的是仔细倾听被传

① 特里维西克．社会工作技巧实践手册［M］．上海：格致出版社，2010：102.

递的任何细节，以确保能够清醒地认识到正在发生什么①。

在社会工作督导中，督导者要尽量保持开放的姿态，对整个督导过程保持敏感，避免先入为主的、刻板的、不成熟的判断或评价，以积极的倾听识别督导中的关键信息和受督导者的感受，并尝试通过所处的情景来理解受督导者（Egan，2000）。如在督导中，受督导者给督导者传递的信息往往缺乏完整性和情境性，所反映的问题也缺乏焦点，这时就要求督导者通过积极的倾听，及时感受和识别到有效信息，并进行系统的整合和分析。

六、赋权和使能的技巧

在社会工作实务中，赋权和使能是体现社会工作价值的重要概念，恰当地使用它们并不仅仅是一项单独的技巧，而是涵盖广泛的专业精神。赋权在社会工作实务中主要的目的被认为是协助服务对象获得自主的决定权和行动权。使能则被认为是经由赋权过程寻求的改变发生在个人、人际和制度层面上，人们形成自我权利意识、影响他人的能力以及与他人一起改变社会制度的能力，这些能力是社会工作者所必须拥有的。

Gutierrz（1990）将赋权分为三个层面：第一，从宏观层面上将赋权看作是一个增加机体政治权利的过程；第二，从微观层面上将赋权看作是个人权力感或控制感的变化；第三，为了避免宏观层面和微观层面的二元对立，两者也可以是调和的，即赋权可以激发群体权能，而群体权能的增加可以提升个体的权能。在这三个层面的基础上，赋权涉及个人、人际和政治三个层面。个人层面上的赋权集中于个人发展、个人权力感和自我效能感的方式；人际层面上的赋权强调使个人可以有更多的影响他人能力的具体技术的发展；政治层面上的赋权强调社会行动和社会改变的目标②。

社会工作督导的过程有时很容易出现一种“权威的压迫关系”，为了避免这种关系的出现，督导者应该在社会工作督导中积极发展与受督导者

---

① 特里维西克．社会工作技巧实践手册［M］．上海：格致出版社，2010：109.

② 文军．西方社会工作理论［M］．北京：高等教育出版社，2013：287.

的伙伴关系，以提升受督导者的个人自我效能，减少其自我专业挫败感，促使其承担起改变的自我责任。因此，在具体的督导实践中，督导者需要一些具体的技术才能为受督导者提供实际的帮助，这包括：接受受督导者对问题的定位；识别现有优势，并以此为基础开展工作；对受督导者面临情境的权利分析；教授受督导者一些具体的技巧；主动调动资源，为受督导者争取权益①。

例如，在督导一项残疾儿童社会工作服务时，督导者是一位儿童社会工作领域的资深社会工作者，在督导开始阶段，受督导者表现出了明显的不自信，担心不能做好这项服务。基于这一情况，督导者在开始专业层面的督导前，首先与受督导者一起回顾了其为开展残疾儿童服务所做的准备工作；其次特别指出受督导者与服务对象建立了良好的专业关系这一优势，提升了受督导者的个人效能感。

第二节　中间阶段的技巧

中间阶段是社会工作督导过程的核心阶段。在这一阶段，常用的督导技巧包括鼓励描述细节的技巧、同理的技巧、分享感受的技巧、下达工作指令的技巧、指出困难和障碍的技巧、果断的技巧、分享资料的技巧、自我披露的技巧、建构支持的技巧、反馈的技巧、提问的技巧和澄清的技巧。

一、鼓励描述细节的技巧

在问题的陈述阶段，鉴于受督导者和督导者的关系仍处于比较生疏的阶段，很多督导者会以一种巧妙的或模糊的方式来陈述他们的议题。Shulman（1993）提到应鼓励受督导者陈述他们所提出的议题的细节，为了达

① 特里维西克．社会工作技巧实践手册［M］．上海：格致出版社，2010：208－210.

到这一目标，第一，督导者可以像临床咨询工作者一样，以积极地倾听探寻一下“六个W”（一般将How里的W也包括在里面，是通用表达）：什么问题（What）、问题为什么发生（Why）、问题什么时候发生的（When）、与谁有关（Who）、在哪里发生的（Where）以及问题是如何发生的（How），以协助受督导者更好地描述问题的细节。第二，督导者应保持自我克制，不要过早发表评价。第三，督导者应注意有焦点地倾听，督导者必须了解受督导者主要关心的是什么，尝试分担受督导者的情绪感受，并充分了解议题。第四，善用有效的提问，为了获得更为准确的信息，受督导者有时会提出令人意外的问题，此时有效的提问可以协助督导者收集咨询、提供支持，并予以反映和支持①。

“上次外出活动中确实有一些事情考虑得不太周到，虽然参加活动的孩子没有因为意外受到伤害，但我们团队在后来的反思中对整个活动的安排存在一些不同的意见。大家都想把事情做好，只是方法上有一些差异吧。”

在一次针对外出活动的督导会议中，受督导者提出了活动进行中的一次意外，但描述得有些模糊，这时督导者应及时鼓励受督导者描述更多细节。督导者可以采用以下提问，邀请受督导者描述更多的细节：

“可不可以多说一点这次活动出现了什么意外?”

“意外是怎么发生的？在哪里发生的?”

“意外是什么时候发生的?”

“意外发生时，哪些社工在现场?”

“意外的发生和哪些人有关?”

二、同理的技巧

作为专业社会工作者，同理是建立良好专业关系的前提。在督导中建立良好的督导关系同样需要对他人的同理，督导中同理不仅是设身处地为

① Ming - sum Tsui. 社会工作督导：脉络与概念［M］. 台北：心理出版社，2014：116 - 117.

他们着想，还要让自己真正走近他们去体验对方（Dominelli，2000），特别是督导者感受到来自受督导者的阻力时。在社会工作实务中，Shulman（1993）将同理的技巧分为三个部分：一是用心感受服务对象的感受；二是对服务对象的感受表示理解；三是将服务对象的感受转化成为语言。在社会工作督导的具体实施中，首先，督导者需要能够设身处地地感受受督导者的经验，消除任何有碍同理回应的障碍；其次，督导者需要用语言、姿势等表达对受督导者感受的理解；最后，督导者将感受转化为语言，承认和明确表达受督导者的感受①。

同理技巧的运用不要求督导者假装自己是一个强人，不需要与受督导者保持明显的距离，而应该主动表达对受督导者的关心，传递“温暖、真诚、信任和尊重”。但同理的使用同样是不简单的，有时还会有一定的风险，因此 Rogers（1957）所强调的是正确的：我们对我们所做的要高度谨慎，应跟随服务使用者的意思，而非表达我们的诉求，但应是关怀的和体面的②。这提醒督导者在督导中要清楚自己所扮演的角色，与受督导者沟通时使用的语言应该是易于理解的。

如在学校社会工作的督导过程中，督导者发现受督导者对目前所处的工作环境有很多畏难的情绪，受督导者认为自己比较年轻，没有在学校工作的经验，被派驻的学校管理较严格，担心自己没有办法处理好同事关系。面对这样的情况，督导者不应该仅仅表达对受督导者消极的同情，而应该尝试将自己放在受督导者的位置上，敏感地觉察一个年轻人对未知工作环境的畏难情绪，进而协助受督导者以其独特的视角来理解这些情绪对受督导者意味着什么，并且谨慎地将这些感受表达出来，以协助受督导者更好地面对。

三、分享感受的技巧

督导既是专业的实务工作，也是督导者的个人行为。在督导中，督导

① Ming－sum Tsui. 社会工作督导：脉络与概念［M］．台北：心理出版社，2014：117.

② 特里维西克．社会工作技巧实践手册［M］．上海：格致出版社，2010：142.

者必须是一个真实的、真性情的人，督导者应该能够表达自己的情绪，也期望能够分享自己的感受，包括开心、恐惧等，这样才能让受督导者感受到督导者的以诚相待。但此时督导者必须接受两个相互冲突的角色：第一种是为受督导者提供温暖的情绪支持；第二种是确保受督导者达到预期的工作表现。这意味着督导者不一定要完美，他们也有优缺点，必须在个人认同和专业认同之间取得平衡[①]。

督导者分享感受时应该是理性的表达，而不是非理性的宣泄。另外，督导者在分享个人感受时应该考虑到文化的因素，在中国文化中，分享正向的希望、欣慰、感激等往往比较容易让督导双方接受；而分享负面的愤怒、悲伤，特别是向受督导者表达这类感受时应特别谨慎，避免带来负面的影响。如督导者在听完受督导者描述实务工作时，往往感受到受督导者在工作中的困难和坚持，这时督导者应及时真诚地表达对这一描述的感受：“听到你在工作中为了让项目更好一点做了那么多事情，真是很不容易，我自己也觉得要完成一个项目，确实需要面对很多错综复杂的情况和不同的人，这些有时候真的会让我们感到困难。期望未来我们一起努力，更好地为服务对象提供服务，完成项目。”

四、下达工作指令的技巧

在工作时，督导者需要下达一定的工作指令给受督导者，此时督导者经常发现受督导者在接受指导时并非每次都很专心地聚焦于具体的工作指导。因此为了更好地推进服务的开展，督导者一方面需要协助受督导者面对现实，降低他们的防御；另一方面则需要积极参与到受督导者所关注的工作中，与其一起分解工作任务，协助他们更好地聚焦手头最重要的问题和任务，特别是当受督导者同一时间需要处理几个不同的问题或任务时[②]。

---

① Ming - sum Tsui. 社会工作督导：脉络与概念［M］. 台北：心理出版社，2014：117.

② 陈锦堂. 社会工作督导：经验学习导向［M］. 台北：巨流图书股份有限公司，2015：102.

如在某机构执行民政部、李嘉诚基金会“能力建设视角下的老年人社区参与”项目中，受督导者作为项目的执行者，既是项目活动的带领者、项目信息的沟通者和项目资料的管理者，同时也需要处理来自机构的个案服务、参观检查和项目申报等任务，此时督导者应注意在下达指令时要协助受督导者聚焦问题和任务。

五、指出困难和障碍的技巧

如上一部分提到的，受督导者有时会同时面临几项任务而无法聚焦于核心工作。还有一种情况则是受督导者在面临某些具体议题时表现得举棋不定，这些议题往往是敏感的，这时需要督导者及时指出困难和障碍所在，促进受督导者专业上的成长。

需要指出的困难和障碍往往和一些敏感和禁忌的话题有关，因此在运用指出困难和障碍的技巧时，督导者一方面应努力营造一种气氛，在这种气氛中这些禁忌的话题可以拿来讨论；另一方面督导者需要留心自己和受督导者的情绪、情感的移情和反移情作用①。如某些服务经常会涉及性、死亡、儿童暴力和侵害等话题，有经验的督导者会选择合适的时机和受督导者讨论面对的敏感话题，最终达成一致意见，朝一个方向一起工作。

六、果断的技巧

行政性督导是社会工作督导的重要方面，在科层制的划分中，督导者就是直接对一线服务工作者负责并督促其工作有效完成的人员，其负担着机构管理的部分功能。这些功能包括具体工作的计划和指派，工作的授权、协调和沟通，对工作的监督、检查和评估，以确定社会工作者提供的服务是合格和有效的，这些功能要求督导者必须监督受督导者的

---

① 陈锦堂．社会工作督导：经验学习导向［M］．台北：巨流图书股份有限公司，2015：92.

工作进展。

在运用果断的技巧时，督导者对受督导者提出的问题必须是明确的，必须注意受督导者的工作要符合要求，尤其是要设定工作的底线，以便于受督导者明白其所背负的期待与要求。同时，给出一系列的问题，这样有助于厘清受督导者的困难、动机与感受①。

在“情系桑榆”农村空巢老年社会工作服务中，受督导者在一次督导中描述了目前服务的进展，督导者发现服务并未按照约定的进度开展，在询问了受督导者原因后，督导者明确提出工作要求：

“服务已经开始了一个月，还有一些工作没有完成，希望在未来的两周把所有老年人的能力评估完成，在此基础上完成老年人能力评估的报告。”

七、分享资料的技巧

在社会工作督导中，督导者的重要角色和职责之一就是分享资料和传递信息。有效地传递信息和分享资料不仅可以帮助受督导者作出有依据的决定，而且可以强化其自信，使得受督导者在工作上有好的绩效，促进受督导者的专业自主。督导者之所以要传递信息和分享资料，是因为督导者在机构和受督导者之间扮演着协调的角色，通常督导者可以接触到机构政策、服务对象资讯、实践研究成果，以及大量源自田野工作经验的、实践智慧形成的资讯②。

在分享资料和传递信息时，督导者应该首先提供专业和机构较新的资讯，其次应该鼓励受督导者多发问，经过充分的沟通和真诚的讨论，以达到对受督导者的资讯支持，协助受督导者持续实现专业成长。目前一些大型的社会工作机构往往拥有几百名社会工作者、几十个工作站点，社会工作者之间、社会工作者与机构之间很少有频繁的沟通，虽然通过

① Ming－sum Tsui. 社会工作督导：脉络与概念［M］. 台北：心理出版社，2014：118.

② 陈锦堂. 社会工作督导：经验学习导向［M］. 台北：巨流图书股份有限公司，2015：103.

微信公众号、机构微博等能够了解机构的日常工作，但他们之间专业的信息和资料交流主要依赖督导者，因此督导者应注意督导过程中的资料分享。

八、自我披露的技巧

自我披露是将督导者自己作为工具的一种技巧，通过自我披露分享想法和感受可以将督导者视为“平常人”，而不仅是一个具有权威的管理者或专业工作者。只有在有利于受督导者的情况下才可以使用自我披露的技巧，因为自我披露要求提供督导者自己过去和现在的个人信息，这样可以对受督导者产生更多的同理和亲近感①。

但使用自我披露的技巧时必须小心谨慎，因为它存在危险。督导者在分享自己经历的创伤性事件时，如果受督导者没有同样的问题或感受，这么做就会让他们感到困惑不解、无所适从，有的受督导者对于别人披露较为隐私的信息会感到不舒服。因此，使用自我披露的技巧时必须考虑周到，即考虑披露的内容、披露的对象、披露的场合、披露的时机等，自我披露要恰到好处、恰如其分。如新入职的受督导者在感到工作难以进展时，督导者可以适当披露自己最开始工作时的经历，让受督导者感到自己的经历并非是孤单的。

九、建构支持的技巧

支持性督导是社会工作督导的重要组成部分，如果说行政性督导中督导者扮演着管理者的角色，教育性督导中督导者扮演着教师的身份，那么在支持性督导中，督导者则扮演着心理调适及辅导者的角色，其主要目的和任务是帮助受督导者增强自我功能、平衡和安抚情绪、缓解焦虑、增强

---

① 特里维西克．社会工作技巧实践手册［M］．上海：格致出版社，2010：167－169.

工作信念、提高工作效能、呈现良好的工作状态。因此，在督导的中间阶段，督导者应有意识地对受督导者建构支持①。

在建构支持时，督导者应意识到其作为外界的支持力量主要发挥协作、引导和促进的作用，从而支持受督导者自我发展、自我管理、自我提高。因此，督导者应该做的主要包括及时鼓励受督导者的专业成长和激发受督导者的内在动力，从而促进受督导者进行深度的自我探索。如在临终关怀服务中，督导者要定期了解受督导者的心理、情绪状态，及时提供相关的支持。

十、反馈的技巧

Trevithick（2012）指出在实务中给予和接受反馈，不管是正向的还是负向的，对督导者和受督导者双方来说都是有好处的。首先，清楚而诚实的反馈可以作为一种实用的方式，用来确保特定的行动计划没有偏离预定的目标。其次，反馈可以让督导双方注意到沟通的情感内容，可以帮助受督导者更多地了解自己，这对于受督导者接下来的专业行动有非常重要的作用。比如在督导当天，如果受督导者带着挫败感或悲观的情绪，那么开始进行督导时，督导者必须对这一印象进行反馈，只有这样才能避免督导任务的失败、努力白费②。

在督导实践中，给予和接受恰当的反馈都是很难的事情，主要因为它要求督导者能够处理好带给督导双方的感受。Egan（1990）曾提出，反馈的目的不是对受督导者的表现作出判断，而是指导、支持和挑战，进而他指出了反馈的三个目的：确认、修正和激励。

确认主要是让受督导者知道他们是否处在一个正确的方向上，确保督导是朝着一个正确的方向一步一步迈进的；修正则是向受督导者提供信息，和受督导者一起检讨督导是否出现了歧途，是否需要重新讨论前进的

① 付丽华，陈为雷．社会工作行政［M］．济南：山东人民出版社，2012：184.

② 特里维西克．社会工作技巧实践手册［M］．上海：格致出版社，2010：157.

方法；激励则是指出受督导者做的成功的地方以及督导的成效，同时提出改进表现的意见[①]。

十一、提问的技巧

提问是社会工作者的基本技巧之一，有帮助、启发和同理的提问可以有效提升服务对象的自我反思。在社会工作督导中提问起着同样的作用，提问可以让受督导者回到自己的想法和知识的基础，促进受督导者的自我赋权。问题的类型包括了开放式问题、封闭式问题和“什么”式问题。

开放式问题旨在提供选择的自由，让受督导者能够用自己的语言、自己的节奏表达自己的想法和感受，能够自行选择或忽略相关的内容。在督导中，开放式问题比较适合在初次见面或者问题讨论的初始阶段使用，有助于帮助受督导者更完整地表达。封闭式问题通常选择用“是”或“不是”，或者短短的几个字来回答，这种形式的提问在获取事实性的或细节性的信息时非常有用，特别是在时间有限的情况下。另外，封闭式的问题也比较适合自信心不强的受督导者。在使用封闭式问题时，督导者应该特别小心，太过聚焦或封闭有时会把提问引向错误的方向，这时就需要及时地澄清。“什么”式问题在家庭治疗中较为常用，其优点是比较宽泛，可以让受督导者能够自由地定义他们想要关注的问题；另一个优点是它强调现在而非过去，也保留了针对过去提出附加问题的机会[②]。如以下问题常常是“什么”式问题：

“在你看来，你现在面临的问题到底是什么？”

“我们可以做些什么让你们觉得自己会有所不同？”

“那么现在什么是你最想做的？”

---

① 特里维西克．社会工作技巧实践手册［M］．上海：格致出版社，2010：158.

② 特里维西克．社会工作技巧实践手册［M］．上海：格致出版社，2010：147－150.

十二、澄清的技巧

在提问的同时，督导者在遇到模糊或容易混淆之处时，应及时使用澄清的技巧，保证督导者能够准确抓住传递的内容。澄清可以帮助受督导者识别、确认和排列哪些问题是他们讨厌的、喜欢的以及优先顺序，尤其是当受督导者有很多问题但又需要及时聚焦问题时。澄清还可以扩展受督导者的知识基础，扩大他们对知识的知觉范围，深化他们对于自己和专业的理解。在使用澄清技巧时，督导者应结合积极倾听的技巧，重视受督导者的感受、问题和回馈，及时作出有效的澄清①。在一个关于儿童遗弃的社会工作服务中，督导者使用澄清的技巧帮助受督导者明确了问题的所在。

受督导者："是的，根据刚才这些信息，我认为案主现在面临的情况是比较复杂的。"

督导者："刚才说了很多的信息，看看我理解得对不对，如果错了请告诉我。你上个月在小组活动中发现这个孩子身体有一些伤；后来你家访后发现她和爷爷住在一起，爸爸去年过世后妈妈就提出离婚并将孩子留给了爷爷；爷爷一个人生活觉得没办法养活孩子，所以把孩子推给社区居委会，是这样的吗?"

第三节　结束阶段的技巧

结束阶段也是社会工作督导的终止阶段，督导者需要总结整个督导过程和双方共同努力所获得的成就，反馈受督导者的学习和成长状况，协助受督导者明晰成长是如何发生的。此外，督导者还应指出受督导者的优缺点，以及如何面对未来的挑战，协助受督导者更好地应对社会工作实务工作。因此在这一阶段，常用的技巧包括结束会议和总结的技巧、概括的技

① 特里维西克．社会工作技巧实践手册［M］．上海：格致出版社，2010：154.

巧、评估的技巧、确定下一步任务的技巧、预演练习的技巧和督导记录撰写的技巧。

一、结束会议和总结的技巧

督导过程是一个阶段性的任务，在会议的结束阶段，督导者应该对已经讨论过的内容作出总结，总结整个督导过程的不同阶段，说明受督导者已经学习到什么、是如何获得成长的。此外，督导者还应该对受督导者的优势与弱点给出评论，以协助受督导者面对未来的挑战。首先，总结可以促进督导双方确定达成一致的意见；其次，一个适时、简洁和准确的总结，可以为会议画上一个圆满的句号；最后，总结已讨论的内容可以突显未讨论的问题，从而为下一次的谈话准备提供机会。在督导某机构的儿童服务时，一个简单的总结可以是以下这样的：

“我想今天我们就聊这么多吧，让我们一起看看今天都讨论了什么。一开始你描述了整个个案的资料，我们一起分析了整个个案目前所面临的问题以及你制订的干预方案，在介入模式的选择上我们认为认知行为模式比较适合目前的状况。我漏掉什么了吗?”

结束会议也需要结合会议开始前的目标作一些回顾和讨论，评估目标的达成程度并给予一些反馈。有一些情况是比较特殊的，如受督导者面临马上升迁、进修、辞职或退休而离开现职时，督导者应该在会议最后安排面谈，总结双方共事以来共同努力取得的成就，并且表达对于这段督导关系终止的感受。督导者也应该对受督导者在督导过程中所投注的努力表达肯定和感激，这样的表达与相互讨论，为督导者与受督导者双方的未来提供了另一个开始的基础①。

---

① Ming－sum Tsui. 社会工作督导：脉络与概念［M］. 台北：心理出版社，2014：119.

二、概括的技巧

在结束阶段，督导者需要总结督导的整个过程，这时经常要使用概括的技巧，通过从对话的细节谈到整体概括来为会议作结束。与督导过程中的概括不同，在结束阶段，督导者应重点关注督导过程中发生的不同细节，通过语言将彼此相连，为督导者呈现较为整体的督导过程。

三、评估的技巧

评估在督导过程的任何阶段都可以进行，只不过在督导结束阶段的评估是最重要而且是必需的。Shulman（1993）指出，评估是对受督导者工作表现的客观评价，无论是对工作或督导的成效，还是机构用来判断工作者的升迁或解雇，都有重要的作用。结束阶段的评估主要针对督导过程中督导双方角色、投入、督导的成效及作用。

四、确定下一步任务的技巧

有的督导是围绕具体的个案展开的，因此当受督导者在对服务对象开展工作的特定技术有问题而进行个别咨询时，需要督导者和受督导者一起讨论下一步受督导者可以使用的技巧有哪些以及在什么情境下使用。如果受督导者有什么潜在的矛盾心理，也需要在会议的结尾予以澄清并再次确认①。

确定下一步任务和下达指令并不相同，它更侧重于受督导者自己对实务工作的把握，较为侧重于督导结束后的具体工作的确认。如在受督导者开展的小组工作中，督导者在督导过程中已经和受督导者一起讨论小组的

① 陈锦堂．社会工作督导：经验学习导向［M］．台北：巨流图书股份有限公司，2015：105.

计划、开展和工作者的表现等，在结束阶段，督导者需要进一步确定下一次小组开展前的具体任务。

一次督导中，受督导者在督导结束时咨询督导者，下周马上要开展儿童城市体验活动，想和督导者一起看一下准备是否充分，接下来一周有哪些任务需要完成。督导者简单询问了受督导者目前的准备情况，讨论儿童城市体验活动开展的计划，在此基础上督导者和受督导者一起确定了下一步的任务主要包括："再次拜访相关单位的具体负责人、联系物资捐赠方确保物资按时到位、分配志愿者并确保志愿者与所负责儿童的联系畅通。"

五、预演练习的技巧

针对特定的需要，在会议结束阶段准备小型的角色扮演进行预演是有必要的，对于技巧或特殊技能的简要演练说明可以帮助受督导者在以后的工作中变得更有信心①。这些演练可能是某项具体的工作方法，是具体的服务流程，也可以是一些具体的技术、技巧。关键是在演练的过程中，受督导者要以角色扮演等形式参与进来，提升预演练习的效果。

六、督导记录撰写的技巧

每次督导会议都有针对性的会议议题，因此在督导的过程中需要及时记录督导内容。督导双方都可以作自己的督导记录，这些督导记录可以作为行政工作、专业发展或草拟后续行动的重要参考，也可以作为督导评估的重要资料②。

督导记录主要以文字记录的形式呈现，经督导双方同意后也可以进行

---

① 陈锦堂．社会工作督导：经验学习导向［M］．台北：巨流图书股份有限公司，2015：105.

② Ming－sum Tsui. 社会工作督导：脉络与概念［M］．台北：心理出版社，2014：113－114.

录音记录或录像记录，记录的内容包括行政指示、专业建议、员工发展等。在撰写督导记录时应遵循以下两项原则：第一，及时性原则，受督导者应及时记录督导会议的内容，有必要时需要撰写督导报告，同时，记录应及时提交给机构保存，有需要时也应该提交给督导者；第二，完整性原则，受督导者应该根据督导会议的主题，完整地记录督导的过程、内容、建议等，保障记录的资料是完整、全面的。

本章小结

本章详细梳理了社会工作督导的基本技巧，主要结合准备阶段和开始阶段、中间阶段以及结束阶段的任务，分别介绍了每个阶段需要使用的技巧。准备阶段和开始阶段主要包括组织和开始会议的技巧、调频的技巧、签约的技巧、沟通的技巧、倾听的技巧以及赋权和使能的技巧等六个技巧；中间阶段则包括鼓励描述细节的技巧、同理的技巧、分享感受的技巧、下达工作指令的技巧、指出困难和障碍的技巧、果断的技巧、分享资料的技巧、自我披露的技巧、建构支持的技巧、反馈的技巧、提问的技巧和澄清的技巧等十二个技巧；结束阶段主要包括结束会议和总结的技巧、概括的技巧、评估的技巧、确定下一步任务的技巧、预演练习的技巧和督导记录撰写的技巧等六个技巧。这些技巧是有助于督导工作的工具，可以有效帮助督导者达成督导任务。

第八章　社会工作督导评估

督导评估是社会工作督导的重要职责，兼具行政、专业和支持功能，其对督导者、受督导者、机构和服务对象都具有非常重要的意义。本章详细阐述督导评估的目的和必要性，讨论富有成效的督导评估应遵循的伦理和原则，督导评估的主要内容和实施过程，以及通常使用的类型、方法和工具①。

第一节　社会工作督导评估的定义和意义

以督导评估的主体和客体为划分标准，社会工作督导评估通常指机构、受督导者对督导者的评估以及机构、督导者对受督导者的评估两方面。在我国社会工作实践中，社会工作督导评估一般是指机构、受督导者对督导者的评估。

① 本章是作者在参考中国人民大学出版社2008年出版的阿尔弗雷多·卡杜山、丹尼尔·哈克尼斯著、郭名倞等译的《社会工作督导》的基础上，结合多年的本土化实践总结成的。

一、督导评估的定义

督导评估是指机构、受督导者对督导者在某一特定时期内工作的总体表现的客观评价。它是一个运用有计划的程序的过程，用具有信度和效度的方法，来测定督导者达到岗位要求的程度。

笔者认为，督导评估是机构为了促进受督导者专业成长，持续改善机构服务成效，为机构人力资源决策提供依据的评估制度。这个定义包含以下五个要点：

第一，督导评估是机构的一项制度安排。作为一项制度安排，督导评估具有一致性，即该项制度对所有督导者和受督导者都具有同等程度的约束力，同时督导评估是有计划、有程序的正式过程。

第二，督导评估是一项工作责任和权力授权。该项授权夯实了社会工作督导的行政权威和专业权威，有利于社会工作督导的行政管理功能和专业教育功能的实现。

第三，评估内容是督导者的工作能力和绩效，以及为了达到一定能力和绩效水平而投入的情况。一方面，评估不是针对督导者个人的评价，评价的是督导者的岗位行为。另一方面，相对国外督导评估主要集中于工作表现而言，国内机构的督导评估特别重视绩效评估。

第四，督导评估过程和结果要实现三个方面的应用目标：一是评估结果的行政应用目的。评估过程结束后，需要提供一种系统性的成果——评估报告，机构可以根据评估报告作出行政性决定，如续聘、加薪、调动、终止聘用等。二是评估过程的教学应用目的，促进督导者和受督导者的专业成长和发展。评估是一种教与学的过程，它能识别出被评估者在工作表现上的优劣之处。三是改善机构的服务效果，这是评估实现前两个目标的逻辑结果。

第五，督导评估依据机构统一制定的评估标准进行。这套标准的信度和效度经过了机构的论证，它保证机构在督导评估中采用一致的宽严程度和一致的评价范围，让评估结果有效可信、可运用。一个恰当的、卓有成效的评估需要建立在恰当的评估标准、评估程序和评估方法基础上，做到评估的一致性、连续性和公平性。

二、督导评估的意义

督导评估主要包括对服务对象、受督导者、督导者和机构四个方面的意义。

（一）督导评估对服务对象的意义

督导评估的主要价值是为服务对象获得有效服务提供保障。与商业服务不同，社会工作的服务对象不靠自掏腰包来对社会工作者的服务满意度进行投票，他们对社会工作服务绩效的制约力相对较弱；同时，服务对象和购买方通过选择机构来选择社会工作者，机构对社会工作者的派遣和绩效负有责任。社会工作的行业自律最直接地依靠机构委托评估者对督导及服务工作进行的评估来实现。

机构督导评估是发现和纠正服务问题最为有效的一种渠道。它在时间的及时性上和内容的具体性上优越于项目购买方组织的项目中期评估和末期评估，更加优越于社会组织管理机构组织的年度检查，优越于行业协会根据专业伦理守则的审查和追责。

（二）督导评估对受督导者的意义

1. 督导评估可以使受督导者获得成就感，减少焦虑感

定期的督导评估能够帮助受督导者审视自身的变化和成就。一个好的督导评估，在评价督导者工作表现的同时，也会及时提出整体工作的业绩表现，特别是受督导者在专业发展中取得的实际进步。评估让受督导者从督导者那里获得一个较为客观、权威的角度透视自己的能力和不足的机会。受督导者一方面因在一个较短的时间段里超越自我，增长应对问题的新知识、新技巧，推进工作任务而获得成就感；另一方面，因发现问题获得改进的方向、目标和办法而减少继续犯错的机会而感到安心，也能够部分地抗衡利益相关方对新的专业能力和服务成效所持的疑虑。

2. 督导评估有助于激发、引导和整合受督导者的学习行为

首先，督导评估有助于激发受督导者的学习行为。它或者以避免失败的压力方式，或者以获得好评的激励形式，驱使受督导者努力去学习，去改变自己，以获得一个好的评估结果。评估的目的不仅在于促使受督导者改变某项不恰当的行为，而且在于激发被评估者保持和延续恰当的行为（Abbott & Lyter，1998；Latting，1991；Powell，1993a）。

其次，督导评估有助于引导受督导者学习（Bernard & Goodyear，1998；Holloway，1995）。评估指标体系列出了受督导者需要学习的能力和任务清单，而评估指标要求达到的水准则为受督导者指明了阶段性的努力目标。评估让受督导者明确工作重点和标准，还指出受督导者已经学习了多少东西、达到什么程度。同时，它还帮助受督导者明确自己有哪些方面的不足，这种不足属于什么性质，以及还需要更充分地学习些什么。

最后，评估有助于受督导者建立起自我评估（self - evaluation）模式。在正式的督导评估之前，受督导者可以根据评估方案进行自我评估，以便在评估者发现问题之前先自我发现和自我纠正。评估能够促进受督导者形成和提升自我完善的意识，养成持续不断地评价自身工作表现的习惯。

3. 督导评估有助于受督导者拟定职业生涯规划

我们常需要有理有据的反馈来帮助确定自己是否具备成功从事社会工作的才能。因此，督导评估的结果可能有助于一些处在边缘地带的受督导者考虑是否转岗或者转行[①]。

（三）督导评估对督导者的意义

1. 督导评估为督导者制订下一步督导计划提供依据

督导评估具有教育诊断的功能，督导评估系统地诊断督导者的工作表现，了解其已经学到了什么，还需要再教些什么，这些为将来进行教育性督导提供了内容安排方面的指针。

---

① 阿尔弗雷多·卡杜山，丹尼尔·哈克尼斯．社会工作督导［M］．郭名倞，等，译．北京：中国人民大学出版社，2008：260.

2. 督导评估有利于督导者行使行政管理的功能

评估为督导者安排本部门的人力资源提供依据，可以较为客观、全面地了解部门全体员工的工作能力及其各自的优缺点，使得机构能更好地将部门任务和员工的兴趣、能力进行匹配。此外，正式的、明确的评估可以避免机构出于个人偏见奖赏或者处罚员工；正式的评估报告和相关文件还能在一些有分歧的人事决定上起到保护督导者和受督导者的作用，特别是涉及辞退等情形时，可以在劳动权益纠纷中出具合理理由。

3. 好的督导评估有利于建立良好的督导关系

国外一些研究发现，如果督导者不能对受督导者的工作提出充分、具体的批评意见，受督导者反而会表现出强烈的不满。因为想把工作做得更好，受督导者期望督导者能够帮助自己找出工作中需要改正的不足之处。而当他们得不到这种批评性的分析意见时，便会感到失望（Kadushin，1974，1992a）。如果督导者在处理被督导者工作表现上的不足时犹豫不决，或者长期隐忍，事后受督导者可能不满督导的软弱、虚伪、不诚实或者不负责。

（四）督导评估对机构的意义

1. 督导评估是机构承担问责制度的要求

机构对服务购买方和服务对象的承诺，只能通过社会工作服务去完成，因此，机构需要通过督导评估来实现对一线社会工作者的工作表现和绩效评估的问责制度。

2. 定期而系统的督导评估可以促进机构管理改革

通过督导评估，可能发现督导者和受督导者的欠佳表现，也可能发现机构的晋升激励机制不畅。机构可以就督导评估结果分析与机构管理团队沟通，促进机构变革。

3. 督导评估有助于机构了解员工，恰当配置机构的人力资源

通过督导评估，机构可以确定按其选聘条件是否能够真的任用到那些工作卓有成效的员工。分析督导者对受督导者的系列评估，可能发现一些受督导者工作表现上的一贯弱点而予以重点专注改进；可以发现一些具有

特别能力的受督导者而让他们承担一些特别的任务；也可能发现一些共同的培训需求而有助于制订有价值的培训计划。

第二节 社会工作督导评估的伦理和原则

机构需要建立一些基本的督导评估伦理和原则，在具体的评估环境中去恰当执行，使得督导评估不过于僵化，又不破坏一致性，切实实现评估的客观性和公正性，保障督导评估的应用目标的实现。

一、督导评估伦理

督导评估受社会工作服务评估伦理和社会工作督导伦理的双重制约，但又具有显著的特殊性。

（一）督导评估伦理的原则

作为社会工作评估中的一种评估类型，社会工作督导评估也应当遵循社会工作评估的基本伦理，这些基本准则概括起来有三项：专业性、客观性和公正性。

（1）专业性包括了评估标准、评估过程、评估方法和评估态度的专业性。

（2）客观性包括了独立性伦理原则（在服务对象、受督导者、机构、专业、社会等不同利益立场分歧中，保持不偏不倚）；以事实和统一评估标准为依据；系统性、全面性和整合性原则（避免以偏概全）和摒弃主观偏见的原则。

（3）公正性包括平等性、差别性、一致性等原则。

（二）督导评估伦理的内容

综合社会工作评估伦理和社会工作督导伦理的共同要求，社会工作督导评估伦理的内容应包括以下几方面内容：

1. 督导评估应保护服务对象的合法权益

在社会工作的督导评估标准体系设计和评估执行过程中，应以是否有利于保护服务对象为原则来判断督导者和受督导者行为的恰当性和行为结果的价值性。避免以督导者和机构为中心设计评估标准、评估方法和作出评估结论。

2. 督导评估应充分考虑受督导者的合法权益

受督导者是督导者的服务对象，督导者应当成为受督导者的成长导师和在机构中的权益代言人。督导评估标准体系及其应用应充分考虑受督导者的成长阶段，平衡机构和受督导者的目标和需求。

3. 督导评估应致力于建立平等互信的工作关系

督导评估过程应充分考虑评估的一致性和公平性，不对督导者和受督导者过分严厉或者过分宽容，应一视同仁，并充分考虑到对受督导者建立平等互信的同事关系的能力和成效。

4. 督导评估应维护社会工作机构的专业使命

督导评估标准制定和评价过程中，应充分考虑受督导者所在机构立场上的全局观，考察其工作表现是否维护了机构的专业形象和声誉。

5. 督导评估应秉持社会工作的专业诚信

督导评估标准制定和评价过程中，应考察督导者在服务过程中是否诚实、守信、同理、尽责，是否保持持续学习的态度，是否不断充实自己的专业知识和能力，不断提升自身的社会工作专业的督导能力。

6. 督导评估应以增进社会公平和社会福祉为目标

督导评估标准制定和评价过程中，应充分考察督导者是否在督导过程中尽可能覆盖了服务对象群体，是否充分考虑了特殊群体获得服务的便利，是否充分注意了社会环境的改善，是否实现了增进社会福祉的目标。

总之，督导评估通过评估标准体系和评估方式方法，明确倡导和维护社会工作伦理和社会工作督导伦理，以督促督导者正确处理与受督导者、同事、机构、专业及社会的关系，促进督导者提供优质服务。

二、督导评估的原则

（一）协同性原则

督导评估不是机构中一项孤立的制度，作为机构的制度安排，需要将督导评估制度与机构其他制度安排结合起来，协同考虑，否则会让被评估者在机构中处于孤立无援的压力地位。

机构的行政管理应该在督导评估指标体系的编制、评估程序的修订、评估表格使用的培训、评估结果的行政运用等方面作出统筹的安排，以对被评估者的评估决定起到支持作用。

（二）客观公正原则

1. 严格执行机构标准

绝不能用机构管理者个人的标准取代机构的标准作督导评估依据，机构应建立一套严格的督导评估标准，形成督导评估的制度。

2. 全机构的督导评估应保持一致性

对于教育背景和经历大致相同的被评估者必须用同样的标准、同样的方式作评估，评估标准应一视同仁地用于所有同样工种的被评估者。

3. 区分不同经验的被评估者

督导评估标准是社会工作机构认为具有相似的受教育水平和经验积累的被评估者理应有的表现质量和完成任务的数量，而对相同工种的被评估者的评估也要根据工作经历的不同而有所区别。

4. 全面地评价被评估者的表现

督导评估必须既看优势，又看缺点，既看成长，又看停滞，公正、不偏颇。被评估者在工作中孤立的、不具有典型意义的事例不能用来全盘否定其工作，评估更应该考虑被评估者在工作中重复出现的某些行为模式。从时间上看，要考虑被评估者的总体表现，避免近期发生的事情和戏剧性事件对评估产生过多的影响。

5. 识别影响被评估者绩效的外在因素和环境因素

在进行督导评估的时候，应该认识和考虑一些可能在被评估者的表现中起决定性作用的外在因素和环境因素。要判断被评估者的任务量是否特别大，或者其中是否包含了超出正常情况的、特别多的棘手任务。例如，缺少办公场所，没有办公人员协助，得不到十分重要的支持性服务，或者处于士气低落时期，这些都会对被评估者的表现有不利影响。评估者需要花些工夫明确识别出评估期间机构方面带来的困难，需要识别是否行政上有变化、机构进行重组、人员交替率高导致人手暂时不足或者新法规直接影响了机构的运转等。

6. 应对被评估者的表现进行整合评价

在督导评估末尾一般要询问被评估者对身为一名督导者的总体表现或总体印象。因为，标准化的评定方式倾向于把表现分割成几部分，把这些分割的部分放在一起加以解释时，结论会非常不同。

（三）参与互动原则

一方面，机构应吸收督导者和受督导者参与确定评估标准。督导者参与制定评估标准，有利于澄清资助方、机构、督导者和受督导者等多方主体对评估的期望，更有机会确保评估标准更贴切，也有利于增进受督导者对评估的认可和投入。

另一方面，在评估过程中鼓励双向互动。评估程序应该是一种双向的、共同作贡献的过程。应鼓励督导者在评估会议中开诚布公地沟通，鼓励督导者对自己的工作表现提出改变意见，鼓励其制定出可以达到的改变目标，并给督导者机会解释失败原因。

（四）事先告知原则

督导评估前应事先告知被评估者评估方案。如果被评估者事先知道了什么时候评估，那么被评估者会有充裕的时间以更好的姿态迎接评估，并在评估过程中发挥更富有建设性的作用。

（五）依据充分原则

一方面，督导评估应依据持续而系统的观察。评估者花费在观察被评估者身上的时间越长，他所作的评估正确率就越高。

另一方面，督导评估应以督导记录为辅助。督导记录应在每次督导会议之后，采取简要概括记录的形式完成，并由双方确认签字。否则，督导者和受督导者就会凭大致印象而不是全面的以往表现记录来作正式的评估，随着时间的流逝，这种凭记忆的评估准确性自然要降低，甚至可能因此产生分歧。

（六）阶段性定期评估原则

在年度绩效评估以前，应制定月度或季度的阶段性、定期性的评估制度，以便让被评估者尽早熟悉评估指标和评估流程，明确岗位责任和工作规范。同时，让被评估者的不足能够得到及时纠正。

（七）建立良好专业关系的原则

督导评估必须在建立良好专业关系的情况下实施。不管如何在理，批评都会带来痛苦，而良好的关系能够起到止痛剂的作用，使被评估者更能够听得进并接受批评意见，这是“以评促进”得以发生的基础。如果督导者和受督导者互相讨厌，那么督导者会先入为主地拒绝批评意见，认为它站不住脚、不公平。

督导评估最重要的方面就是在评估过程中所持的态度。所有对工作表现的批评意见都应该是发自肺腑地想要帮助被评估者。评估者应当敏锐察觉被评估者的反应，如被评估者表现出的焦虑和抵触。然后双方可以开诚布公地讨论这些感觉，这样就能设法让被评估者感到安心，受到支持。

（八）聚焦行为的原则

督导评估的中心要点应该是评价被评估者的工作表现，而不是评价这个人。评估所关注的唯一的社会角色，是被评估者充当社会服务机构的督导者这一角色，具体地说，是充当机构中指定做某项特定工作的人，被评估者其他方面的生活没有必要审视。

（九）聚焦改变的原则

评估应该既回首过去，也展望未来。评估是激励改变的手段。评估关注的重点是被评估者的表现中在未来可以修正的地方，关注被评估者的能力和潜能。期望被评估者有所发展、有所改进，最终成为更优秀的督导者。

三、督导评估需要注意的问题

在社会工作督导评估过程中，以下六个问题是需要注意的。

（一）晕轮效应

它是由于感觉被评估者某方面的表现出众而产生的效应。某一方面的上佳或糟糕印象会辐射到对这名被评估者表现的其他方面的印象上去，导致“一俊遮百丑”或偏见的评判偏差，这就是晕轮效应。

因此，坚持客观公正、充分投入、参与互动、阶段性定期评估等原则有助于避免晕轮效应错误。

（二）失之过宽

它是对负面表现难以下手作出公平、诚实的评估，导致所有的评价都偏向表扬一面。这种错误对督导评估的伤害是非常根本的：

第一，这样的评估没有什么区辨性，降低了在行政管理方面的效用。

第二，它错误地让人安心，鼓励那种脱离实际的信心，丧失了纠正错误的机会。

第三，损害了最出色的被评估者的士气。如果每个人的评估结果都非常好，更优秀的被评估者就会想自己的付出是否值得，因为干好干坏得到的绩效评估结果都是一样的。

（三）趋中性误差

它是令人怀疑地把所有工作都视为居于平均水平的倾向，所有的评估结果都集中分布在中间区域。它缘于评估者的不尽责，这种状况会损害评估的专业性、客观性和公正性。

有时候，得分集中在平均水平上可能反映的是实际表现情况。而趋中性效应仅仅是指不得不作评估，但又不十分了解督导者的表现，拿不出一个有理有据的评判的情况，此时打个平均分很容易找到合情合理的解释，少有争议，也满足了作评估的要求。

（四）近况效应

督导评估所依托的应该是被评估者整个评估期间成型的、典型的表现，而不是近期表现和戏剧性事件，近况效应和戏剧性事件效应都会扭曲对评估者在评估时间段内总体表现的评价。

（五）对比误差

这种错误产生的原因是评估者放弃了机构统一的评估标准，而选择了另外的不客观的参照标准。它包括以下两种类型：

一是组内水平对比。如果一个组里大多数被评估者的表现都相对较差，那么一个中等水平的员工也就是“矮子里的将军”了。

二是评估者与被评估者对比。评估者在评估被评估者的表现时假想如果是自己在相似的情况下会怎么表现，以此进行比较。用自己的表现作为标准，容易让人们觉得，那些和自己相似的人看着顺眼。

（六）负面效应

如果把一名被评估者正反两方面的情况同时摆在面前，那么负面情况似乎对形成总体印象总是有更大的影响力。因为我们期望被评估者有积极表现，所以那些消极的行为看起来就更加引人注目。

要想做到评估真正客观，除了消除这些障碍以外，我们还必须注意由评估者的信念和个人价值观所产生的观察误差，也就是需要注意不要戴着有色眼镜看被评估者的表现。

另外，在督导评估过程中还要注意回避和保密问题。

第三节　社会工作督导评估的内容和过程

督导评估的内容是社会工作督导评估中的核心元素。督导过程是完成督导评估任务并实现督导评估目标的重要程序和保证。

一、督导评估的内容

督导评估的主要内容是对督导者督导工作的评估以及对受督导者服务工作的评估。对督导者督导工作的评估直接反映了督导者督导工作的效果；而对受督导者服务工作的评估能够间接反映出督导者督导工作的成效。

（一）对督导者督导工作的评估内容

对督导者的督导工作的评估内容主要包括：

（1）督导的价值、伦理和原则。

（2）督导的理论、模式、方法和技巧。

（3）督导者的工作和任务。

（4）受督导者的个人成长和专业成长。

（5）督导机构的服务能力、管理能力和人才队伍的发展。

（6）督导者自我专业能力的提升。

（7）督导契约的遵守、经济投入和财务状况。

（8）督导政策的使用和新政策的推动与建设。

（9）督导受益面和社会影响力。

（10）文化敏感性及其对多元文化的尊重。

（11）本土督导知识的建构及专业发展的推动。

（12）督导的兴趣、意愿、责任、使命和委身，等等。

总之，对督导者督导工作的评估内容是多元化的、丰实的，是具有本土特色的，评估者要根据具体情况制订和设计督导评估的内容。

（二）对受督导者服务工作的评估内容

对受督导者服务工作的评估内容主要包括：

（1）专业知识和能力以及与服务对象的专业关系。

（2）机构行政管理的目标、政策和程序。

（3）寻求、使用和接受督导者的资源、支持和指导。

（4）积极看待督导者的权威性。

（5）与督导者、同事、机构及社区的专业关系。

（6）熟知并利用相关社区资源、政府资源等。

（7）按期、足额承担工作量，并按专业要求达致目标。

（8）专业态度、专业品质和文化能力。

（9）岗位任务完成、执行进度情况。

（10）积极并恰当地参与督导会议。

（11）互联网及多元综合知识。

（12）专业推动以及政策和社会影响力，等等。

当前，在我国多数社会工作服务机构的社会工作者是“项目社工”，项目任务成为一线社会工作者主要的岗位职责，这些职责包括项目行政、专业规范性、项目进度、服务质量管理以及风险管理等，而社会工作者岗位工作的成效评估，也成为督导评估的内容之一。

另外，在社会工作督导评估的内容中还需要对政府、行业协会、机构以及督导服务所在的社区等对督导工作的支持进行一定程度的评估。

二、督导评估的过程

督导评估是一个连贯的过程，包括确立机构督导评估制度并告知全体机构员工，制订评估方案并发出通知，实施评估，形成评估报告并阅读反馈，运用评估结果并提供被评估者申述机会等。

（一）确立及告知机构督导评估制度

不论什么规模大小，机构都应该制定督导制度，其中包括督导评估制度。随着岗位的细分和增设，督导评估制度应逐渐成为机构一项重要的独立的制度。

督导评估制度应说明督导评估的必要性、评估的目的、评估原则、评估方法、评估过程、评估人及其职责、被评估人及其分类和职责，不同的被评估人适用不同的评估内容和指标体系、评估资料、评估结果及其应用、申述和反馈等。

督导评估制度应定期接受来自督导者和受督导者的修订意见，督导部门或行政部门根据意见形成修订方案，在理事会中讨论通过，并及时公示和公布。鉴于制度的稳定性要求，一般一个年度修订一次。建议不过于频繁地修订而形成朝令夕改的印象，同时也无法留出足够的时间观察新的个别的意见在更大范围的检验。但修订间隔期也不宜过长，以至于督导评估制度不能适应国内日新月异的社会工作发展环境、机构项目和岗位的变化。

督导评估制度修订后，应及时向所有督导者和受督导者公示和公布，通常应召开专项培训会，让新晋督导者和新入职、新换岗位社会工作者了解并认同督导评估制度，学会使用评估量表。

（二）制定督导评估方案并发出通知

在督导制度规定的定期评估时间到来前，督导部门或行政部门应发布统一的评估执行方案。评估者应在执行方案的基础上，向被评估者发布通知，在通知中强调重点的事项。

方案应包括本次督导评估的起止时间、地点、使用对象、评估过程、方式方法、评估量表、评估过程、评估结果及应用、申述及反馈等内容。

关于定期评估的期间确定，有些机构是规定每半年一次或每一年一次。也有些机构在定期评估之外还规定了与被评估者职业生涯的转折点相关联的评估，例如：在被评估者试用期结束的时候，在工作满一年的时候，在被评估者承担的工作有变化的时候，在更换被评估者的时候，在被评估者离开该机构的时候，或到了晋升的时候。评估方案和通知至少应提前两个星期发送给督导者。

另外，如果是聘请机构外的督导者，在此阶段还需要签订“督导契约”。

（三）实施评估

1. 评估准备

（1）督导者为评估做准备工作

通常的准备工作包括阅读受督导者的记录、报告以及项目资料；察看考勤表、督导记录，察看受督导者以往的评估报告。

督导者持续的评估准备方式是撰写督导记录。每一次督导记录都包括了非正式的督导评价，为正式的评估做好准备。督导记录应能记下受督导者的一些典型表现，记下一些大的事件。全面掌握受督导者表现的细节，是消除由评估引发的督导焦虑的最有效方法之一，双方都因此会觉得评估的依据是长期的、综合的、可靠的记录，而不是凭借督导者的记忆。

（2）受督导者为评估做准备工作

受督导者的准备工作主要是自评，包括仔细阅读评估方案和通知，解析评估量表，回顾督导记录，回顾工作日志或周志、月度或季度报表，检查工作任务和进度，整理工作成效评估结论，检查档案资料。同时，对自己与上一次评估周期相比较，审视自己的成长和不足，列举自己在哪些地方还需要更多帮助，列举自己缺少和想学习的专业经验。

2. 评估开始

评估开始阶段的主要内容包括重申评估的意图，并简明扼要地说明评估过程、方法和内容。此阶段的主要策略是调动被评估者的参与积极性。

评估开始阶段的重点是建立一个积极的开端。评估总体上采用“三明治”法，即先列举工作成绩，然后转向问题和不足，最后以回顾积极的表现作为结束。这被称作“三明治”法——两片肯定夹着一片否定。

3. 评估深入过程

评估者应按照自己见到的被评估者的表现，清晰、简练、明确地给出一个全面的评估，进入评估现场的主要部分。

逐项讨论评估量表中列举的事项，查阅事先要求的资料，讨论典型案例，询问过程、细节、结果，反馈细节、原则和结论。

一般情况下，如果评估提供了直接的、正式的反馈，如果评估能够做到具体，如果评估能够回应被评估者的需求，则评估清晰、准确，那么评估的效用就会大大增强。模棱两可的和空泛的评估言辞可能会让被评估者感到迷惑。

交换阅读被评估者的自我评估和评估者的初步评估，会提高评估的准确性以及对评估议题的聚焦性和评估结论的认同性。

4. 评估总结

评估结束前应总结一下所涉及的要点，并说明这些要点对今后的工作和下一次评估的意义。同时，清楚说明接下来的评估程序。结束时，应充分注意被评估者对评估的情绪反应，努力解决或者减轻被评估者的沮丧、不满或烦恼的情绪。

双方讨论制订出下一步的行动改变计划，是正式评估重要的结束策略。这是本次评估的成果和价值所在，也是“聚焦改变”原则的落实。如果已经明确识别出了被评估者表现中需要改善的方面，那么，双方必须达成一致，确定一个具体的时间段，在此期间内实现改变目标。有些评估表包括的项目甚至有进展方案，具体的改进计划，要达成的目标，以及落实进展方案的时间安排。

（四）形成评估报告并阅读反馈

1. 评估者形成书面评估报告

一旦完成评估，就应该形成书面文字，让被评估者有机会阅读评估报告，并保留一份复印件。评估报告的内容应至少包括：简要的评估开展情况、工作表现、岗位任务完成情况以及评估结论和建议。

评估报告的表格中常常包括评估者的签名、被评估者的签名和机构行政管理人员的签名。在被评估者签名旁的表格内要有这样一段附文，诸如：“我已知晓本评估的内容，我的签名并不一定代表我同意所有内容。”

相对口头评估，书面评估报告有很多优点：首先，它可以让评估者深思熟虑，对内容整理修改和完善，力求精确。其次，书面评估报告是明确的，可以重读和查对，减少误解曲解，避免被评估者漏听和遗忘。再次，督导评估报告是一种传承方式，可供未来督导这位社会工作者的人查询。最后，很重要的是，可以在后期行政运用成果产生歧义时提供实证依据。

2. 被评估者阅读报告

允许阅读评估报告会大大打消被评估者可能会有的焦虑，即核实口头评估和最后存档的给行政部门的书面评估是否一样。阅读评估报告也是对评估者的制约，它可能会让评估者特别注意精心准备报告，并增加评估报告更加客观和准确的可能性。

一般情况下，被评估者应该有机会在评估者在场的情况下阅读评估报告，或者阅读报告后有机会与评估者面谈。如果被评估者对报告的内容有什么异议，或者需要澄清材料中含混不清的一些措辞，当场就能解决。如果评估者认为被评估者提出的异议正确并加以接受，则评估报告可以据此进行修改。如果被评估者提出异议而评估者不同意，那么被评估者也应该有权利要求在本人的档案中放入自己的保留意见的说明。如果评估结果是负面的，评估者在场，那么他便能马上让被评估者安心并给予支持。

基于一些理由，有些评估者认为让被评估者阅读评估报告会使评估报告不那么确凿有用。因为对机构行政部门和机构的服务对象要公道，还要保护自己免遭非议，这让评估者左右为难，评估者可能会因此选择写些无关痛痒、含含糊糊、总体上讨人喜欢的评语，少说得罪人的话，也少说有意义的话。评估者的预感、直觉和敏锐的猜测尽管真切却不能通过引用具体的支持性例证来充分佐证，往往不会放到报告里。

（五）运用评估结果并提供申述机会

有效的督导评估应保证其评估结论能够有效运用，如成为绩效、等级晋升、褒奖、降级、警告或辞退等行政决定的依据。但评估者主导的评估可能会对被评估者的职业生涯造成过度的和不公平的影响，因此，机构的督导评估制度中要求设置被评估者的申述权利和申诉程序。

当被评估者认为评估不公平时，机构应该有相应的程序让其上诉。而评估者也要提供途径，支持被评估者使用这些程序，不能有任何打击报复行为。对于大多数被评估者来说，重要的不是使用这些程序，而是知道自己可以随时自由地动用这一选择权。

第四节　社会工作督导评估的类型、方法及工具

督导评估的类型是多种的。督导评估方法从大的方向说可以分为定量评估方法和定性评估方法，两种方法在评估实践中总是交织使用、不能分割。本节直接讨论督导评估常常用到的方法和工具。

一、督导评估的类型

督导评估的类型是多种的，一般来讲主要包括：

（一）督导需求评估

督导需求评估是督导者进入督导“情境”或“场域”时对受督导者、

督导机构、督导项目、督导服务、督导社区和督导资源等进行相应的调查、了解和分析，从而发现督导问题、需求以及督导优势的过程和活动。督导需求评估是督导者制订督导计划的依据，是督导程序和过程的首要环节，也是完成督导任务、实现督导目标及使督导富有成效的基础和前提。督导需求评估的实施主体主要是督导者，一般采用问卷、访谈和实地观察等方法。

（二）督导过程评估

督导过程评估是评估主体在督导实施过程中对督导工作进行的评估，是保证督导任务最终完成、督导目标达成和督导有效性的关键环节和过程。督导过程评估的主体一般是督导者、受督导者或者第三方等。督导过程评估的目的和意义是及时发现和处理督导过程中的问题，同时确保督导工作朝向督导的目标。

（三）督导结果评估

督导结果评估是评估主体在督导工作结束时对督导工作进行的评估，其中包括对督导者督导工作的评估，对受督导者参与督导的评估，对机构给予督导工作的支持评估，对督导项目出资方的评估以及对督导社会影响力的评估等。督导结果评估是对政府、出资方、督导者、受督导者、机构、服务对象以及社会大众的交代，也为未来社会工作督导的发展提供经验、借鉴和启发。

督导评估的三种类型构成了督导评估类型体系，三者相互关联，缺一不可。

二、督导评估的主要方法

督导评估的常用方法包括资料分析法、观察法、问卷法和访谈法。

（一）资料分析法

评估者必须能够获取足够的、有效的和可靠的资料，这些资料能够代表被评估者的典型表现。对评估者来说，有关被评估者的表现可以从下述来源获取相关资料：

1. 受督导者对工作活动的口头报告和书面记录

书面记录包括受督导者在工作方案方面付出努力的数据。评估要回顾可以量化的工作成果，诸如作了多少次面谈、多少个个案、处理了多少申请、完成了多少项出院计划、做过多少次小组督导、拟定了多少份合约、给多少机构颁发了执照、评估了多少个寄养家庭、接触了多少相关人士等。其他不常用但也比较重要的材料有书信、报告和统计报表等。

如果被评估者在较为独立的项目岗位上，相关的项目资料也应包括进来。如：包括但不限于项目计划（如项目标书、项目服务方案）、项目服务档案（如服务记录）、项目人员档案（如项目人员、志愿者档案）、项目财务信息（如项目预算、决算表）及与项目相关的各类管理制度档案（如项目行政管理、专业规范性管理、项目进度管理、服务质量控制、风险管理）、项目测评工具（如服务满意度问卷）、项目各类统计文本（如服务满意度调查结果统计）和项目各类工作报告（如项目中期报告、总结报告）等。

2. 受督导者与服务对象接触的影像资料

录音带和录像带可以带来更为直接、便于观察的评估材料，如果有的话可以使用。

3. 受督导者和同事对督导者表现的评估

受督导者满意度和其他服务成果是具有争议的资料。但事实上，人们越来越多地接受把受督导者的反应当成督导者表现的一个信息来源。在项目评估研究中，受督导者的反应已经经常地被当作丰富的信息来源。受督导者对与督导者的关系的主观评分是由客观上的服务成果决定的。综合上述争议的办法是，将受督导者满意度和成效评估分值限定在恰当的权重上。

同事互评的资料是否应该在督导评估中使用，也是一个有争议的问题。有观点认为，同事间存在着竞争关系，同事互道短长容易影响群体的士气，也可能会有侵犯个人机密的问题。另外，同事评估还违反了群体中大多数人都持有的一种假设，即单位是一个整体。但是越来越多的观点认为，组织行为的积极改进、成果的增加以及顾客满意度的提高，在某种程度上可以抵消同事评估的不利效果。鉴于上述观点之争，同事评估也可以通过限定恰当的分值权重来谨慎使用。

（二）观察法

观察法是人类认识世界的一种基本方法，是督导评估的基本方法之一。在督导评估中，观察内容包括督导环境、督导内容、督导方法、督导的专业性体现和规范，以及督导者与受督导者的互动等。

（三）问卷法

问卷法是指在督导评估过程中，评估者可能利用问卷调查收集被评估者的满意率和督导服务成效等信息的方法。

（四）访谈法

访谈是研究者通过口头谈话的方法，从被研究者那里收集第一手资料的一种研究方法。在督导评估中，访谈是指评估者与受督导者及相关人员，就督导者的工作表现、服务满意率、督导成效以及对督导者服务的具体改进意见进行访谈。

三、督导评估的工具

（一）督导评估方案

评估过程的准确性、积极性和成效性主要取决于是否制订机构统一使用的评估方案并有效地执行。一份好的督导评估方案很重要，它应当包括以下内容：

1. 督导评估目的和意义

以便让全机构的督导者和受督导者以及相关部门统一认识。

2. 评估过程

以保障机构全体督导者和受督导者有序筹备、实施和收尾。

3. 评估指标体系和评估标准

评估方案需详细列举评估的内容和描述它们的指标，以及每项指标的不同实现程度和相应的评分区间。

（二）评估表格

为了避免叙事性描述长篇累牍和制作评估量表的大量投入，大多数社会服务机构采用了标准化的逐项核对表作为评估指南。用这种表格减轻了评估者、督导者和受督导者的负担，并且促使评估更加标准化。这种方法得出的评估结果更加准确，可以此对被评估者的表现划分出等级。

卡杜山（Kadushin，2008）指出，标准化的评估表格包括等级评定表格、五级十点量尺、五段评分表格、七点评分表格和图示评分量尺等。此外，评估者评估使用的评价表一般会提供一些事实材料，包括督导者的姓名、人员归类、受教育情况，受督导者的姓名、所属部门或单位、评估的日期、进行评估的原因以及评估所覆盖的时间。

本章小结

本章主要讨论了社会工作督导评估的定义、意义、伦理与原则、目的与主体、内容和过程以及类型、方法和工具。有效的社会工作督导评估对服务对象、机构、督导者和受督导者都有着重要意义，在遵循社会工作督导评估伦理的基础上，采取定性和定量的方法对督导者和受督导者进行准确的评估可以有效提升社会工作的服务品质。

参考文献

1. 阿尔弗雷多·卡杜山，哈克尼斯．社会工作督导［M］．郭名倞，等，译．北京：中国人民大学出版社，2008.

2. 澳大利亚社会工作者协会，2014 年版，社会工作者督导标准的论述：澳大利亚社会工作者协会（2014）督导标准．

3. 陈锦棠．社会工作督导：经验学习导向［M］．台北：巨流图书股份有限公司，2012.

4. 戴维·罗伊斯，布鲁斯·A. 赛义，德博拉·K. 帕吉特，T·K. 罗根．公共项目评估导论［M］．王军霞，涂晓芳，译．北京：中国人民大学出版社，2007.

5. 付丽华，陈为雷．社会工作行政［M］．济南：山东人民出版社，2012.

6. 顾东辉．社会工作评估［M］．北京：高等教育出版社，2009.

7. 加拿大社会工作联合会，2011 年版，社会工作实务督导标准的论述：纽芬兰和拉布拉多社会工作者协会（2011）加拿大监督标准社会工作实践．

8. 列昂·H. 金斯伯格．社会工作评估：原理与方法［M］．黄晨曦，译．上海：华东理工大学出版社，2013.

9. 廖荣利．社会工作学［M］．台北：三民书局，1985.

10. 李晓凤．社会工作督导——理论与实务及本土经验反思［M］．北京：中国社会出版社，2016.

11. 李志军. 第三方评估理论与方法 [M]. 北京: 中国发展出版社, 2016.

12. 玛丽昂·博戈 (Bogo, M.), 伊莱恩·韦达 (Vayda, E.). 社会工作实习督导实务: 理论与过程 (第二版) [M]. 北京: 社会科学文献出版社, 2011.

13. 美国社会工作者协会, 2014 年版, 临床督导中的最佳实践标准的论述: 美国临床社会工作委员会 (2004) 美国委员会在临床社会工作中的一个积极的陈述.

14. 民政部. 社会工作者职业道德指引 [EB/OL]. http: //www.mca.gov.cn/article/yw/shgzyzyfw/fgwj/201507/20150700850347.shtml, 2013-1-8.

15. 沈庆鸿. 督导关系中隐而未说现象之探索: 以家暴防治受督导社工为例 [J]. 台湾东吴社会工作学报, 2012 (24).

16. 史柏年, 侯欣. 社会工作实习 [M]. 北京: 社会科学文献出版社, 2003.

17. 特里维西克. 社会工作技巧实践手册 [M]. 上海: 格致出版社, 2010.

18. 童敏. 中国本土社会工作专业实践的基本处境及其督导者的基本角色 [J]. 社会, 2006 (3).

19. 王思斌. 社会工作概论 (第 2 版) [M]. 北京: 高等教育出版社, 2014.

20. 谢秀芬. 社会工作概论 [M]. 台北: 双叶书廊有限公司, 2015.

21. 徐明心, 何心成. 社会工作督导: 理论、实践与反思 [M]. 香港基督教服务处, 2003.

22. Ming-sum Tsui. 社会工作督导: 脉络与概念 [M]. 陈秋山, 译. 台北: 心理出版社, 2005.

23. 英国社会工作者联合会, 2012 年版, BASW/CoSW 中关于督导原则的论述: 英国社会工作者联合会 (2012) BASW/CoSW 中关于在多样性团体督导实践的特别参考研究.

24. 曾华源．对督导工作的基本概念和运用［J］．台湾社区发展季刊，1982（19）．

25. 曾华源．社会工作实习教学与督导训练——参与/整合模式之探讨［M］．台北：力行书局，1987.

26. 曾华源．社会团体工作［M］．台北：红叶文化事业发展公司，2000.

27. 曾华源．社会工作实习教学——理论、实务与研究［M］．台北：五南图书出版公司，1987.

28. 赵芳．社会工作伦理：理论与实务［M］．北京：社会科学文献出版社，2016.

29. 赵芳．社会工作专业伦理中双重关系的限制、困境及其选择——一项基于城乡社会工作者的实证研究［J］．中国社会工作研究，2013（1）．

30. Jane Wonnacott. 社会工作督导［M］．赵环，魏雯倩，等，译．上海：华东理工大学出版社，2015.

31. 张威．社会工作督导的理论与实践分析：国际发展与国内现状［J］．社会工作，2015（3）．

32. Social Workers Registration Board of Kahui Whakamano Tauwhiro，New Zealand（2015）Superrision Expetaetion for Rogistratiom Social Workers.

33. Alfred Kadushin PhD. What's Wrong，What's Right with Social Work Supervision［J］．Clinical Supervisor，1992，10（1）．

34. Beddoe，L.，Davys，A. Challenges in Professional Supervision：Current Themes and Models for Practice. New York：Free Press，2016.

35. Brown，A.，Bourne，I. The social work supervisor：Supervision in community，day care and residential settings. Philadelphia：Open University Press，1996.

36. Cournoyer B R. The Social Work Skills Workbook，Fifth Edition［J］．Thomson Learning，2013．

37. Corey，G.，Corey，M. S. & Callanan，P. Issues & ethics in the

helping professions. (8th Edition) . Pacific Grove, CA: Brooks/Cole Publishing, 2011.

38. David Lawlor. A Transformation Programme for Children's Social Care Managers Using an Interactional and Reflective Supervision Model to Develop Supervision Skills [J] . Journal of Social Work Practice, 2013, 27 (2) .

39. Davys, A. , Beddoe L. Best practice in professional supervision : a guide for the helping professions [M] . Jessica Kingsley Publishers, 2010.

40. Davys, A. , Beddoe, L. Best Practice in Professional Supervision: A Guide for the Helping Professions. Lodon: Jessica Kingsley Publishers, 2010.

41. Davys, A. and Beddoe, L. Supervision of Students: A Map and a model for the decade to come. Social Work Education, 2000, 19 (5) .

42. Davys, A. "A Reflective Learning Process for Supervision." In L. Beddoe and J. Worrall (eds) Supervision: From Rhetoric to Reality. Auckland: Auckland College of Education, 2001.

43. Davys, A. , Beddoe, L. The Reflective Learning Model: Supervision of Social Work Students. Social Work Education, 2009, 28 (8) .

44. Dolgoff, R. , Harrington, D. , Loewenberg, F. M. Ethical decisions for social work practice (9th Edition) . Belmont, CA: Thomson/Brooks/Cole.

45. Kadushin, A. & Harkness, D. Supervision in Social Work. Columbia University Press, 2012.

46. Egan R, Maidment J, Connolly M. Trust, Power and Safety in the Social Work Supervisory Relationship: Results from Australian Research. Journal of Social Work Practice, 2016.

47. Farmer S S. Communication Competence in Clinical Education/Supervision [J] . Clinical Supervisor, 1988, 6 (2) .

48. Fox, R. Contracting in supervision: A goal oriented process. The Clinical Supervisor, 1983, 1.

49. Harkness D, Hensley H. Changing the Focus of Social Work Supervision: Effects on Client Satisfaction and Generalized Contentment [J] . Social

Work, 1991, 36 (6).

50. Howe, D. A Brief Introduction to Social Work Theory. Basingstoke: Palgrave Macmillan, 2009.

51. Hawkins, P. and R. Shohet. Supervision in the Helping Professions. Milton Keynes, UK: Open University Press, 1989.

52. Kadushin, A., Supervision in Social Work. New York: Columbia University Press, 1976.

53. Kadushin and Harkness, Supervision in Social Work, Columbia University Press, 2002.

54. Kolb D A. Experiential Learning: Experience as the Source of Learning and Development. [M]. Englewood Cliffs, NJ, Prentice Hall, 1984.

55. Kadushin, A. & Harkness, D. Supervision in social work (4th ed.). New York: Columbia University Press, 2002.

56. Lurie A. Skills of Supervision and Staff Management by Lawrence Shulman [J]. Journal of Social Work Education, 1983, 19 (3).

57. Middleman, Ruth R, and G. B. Rhodes. Competent supervision: making imaginative judgments. Prentice – Hall, 1985.

58. Miehls D. Contemporary Trends in Supervision Theory: A Shift from Parallel Process to Relational and Trauma Theory [J]. Clinical Social Work Journal, 2010, 38 (4).

59. Miller F P, Vandome A F, Mcbrewster J, et al. Jewish Community Center [M]. Alphascript Publishing, 1953.

60. Morrison, T. Staff supervision in Social Care: Making a real difference for staff and service users. Brighton: Pavilion. 2001.

61. Morrison, T. Staff supervision in Social Care (revised edition) [M]. Brighton: Pavilion, 2005.

62. Osborne, C. J., & Davis, T. E. The supervision contract: Making it perfectly clear. The Clinical Supervisor, 14 (2).

63. Payne, M. Social Work Theories and Reflective Practice. In Adams,

R. , Dominelli, L. , and Payne, M. (Eds.) Social Work: Themes, Issues and Critical Debates. Basingstoke: Palgrave, 1998.

64. Powell, D. J. Clinical Supervision: Skills for substance counselors. New York: Human Science Press, 1993.

65. Perlman, Helen H. "Content in Basic Social Casework." Social Service Review , 1947, 21.

66. Reamer, F. G. Ethical Dilemmas in Social Service. (2nd ed) . Columbia University Press, 1995.

67. Reamer, F. G. Social work Values and Ethicals. (2nd ed) . Columbia University Press, 1999.

68. Richards, M. , Payne, C. and Sheppherd, A. Staff Supervision in Child Protection Work. London: National Institute of Socail Work, 1990.

69. Schwartz, W. Social group work: The interactionist approach. In J. B. Turner (Ed.), Encyclopedia of social work. New York: National Association of Social Workers, 1977, 2.

70. Shulman L. Interactional supervision (2rd) [M] . NASW Press, 1993.

71. Shulman L. Interactional supervision (1rd) [M] . NASW Press, 2000.

72. Shulman L. Interactional Supervision. Washington, D. C. : NASW Press, 1993.

73. Skidmore, R. A. Social Work Administration, Dynamic Management and Human Relationship (2nd ed.) N. J: Prentice – Hall. (Ch. 16), 1990.

74. Shulman L. Interactional Supervision. Washington, D. C. : NASW Press, 1993.

75. Brown, A. , Bourne, I. The social work supervisor: Supervision in community, day care and residential settings. Philadelphia: Open University Press, 1996.

76. Tebes J K, Matlin S L, Migdole S J, et al. Providing Competency Training to Clinical Supervisors through an Interactional Supervision Approach. [J] . Research on Social Work Practice, 2011, 21 (2) .

77. Towle C, Rappaport M F, Anderson C W. The Role of Supervision in the Union of Cause and Function in Social Work [with Comments] [J] . Social Service Review, 1962, 36 (4) .

78. Tsui, M. S. The Supervisory Relationship of Chinese Social Workers in Hong Kong [J] . Clinical Supervisor, 2004, 22 (2) .

79. Tsui, M. S. , Ho, W. S. , Lan, C. M. The Use of Supervisory Authority in Chinese Cultural Context [J] . Administration in Social Work, 2005, 29 (4) .

80. Tunnell, Wilson. "A Study to Determine a Sound Procedure for Conducting and Providing Supervision for Small Secondary Schools." Unt Theses & Dissertations , 1949.

后　记

经过近40年的发展，中国社会工作取得了令人瞩目的成就，在创新社会治理、改善民生需求方面的作用日益显著。但随着国家和社会的快速发展以及服务对象需求的多元化和复杂化，提升社会工作的专业服务水平，已经成为所有从业者在新的发展阶段都要面对的迫切问题。社会工作专业服务是一个系统工程，社会工作督导则是撬动这个系统的所有要素、带动和促进专业服务水平提升的核心元素和力量。

近年来，中国的很多地区都依据自己的条件和需求，在社会工作督导的实务层面进行了不同的探索和尝试。但是由于对社会工作督导经典理论知识的理解不够系统和科学，加上国情社情的差异，很多督导实践者在对这些经典理论进行本土化运用的过程中都面临着各种困惑，也给社会工作督导在我国的全面健康发展带来很大限制。为了回应这种局面和需要，帮助督导实践者系统掌握和运用社会工作督导的理论和方法，编著者在梳理经典理论、总结先行国家和地区经验的基础上，结合我国的特殊社会文化及现有的实务经验，编写了本书。

本书的分工如下：第一章社会工作督导概述（山东财经大学董云芳）；第二章社会工作督导的价值伦理与原则（厦门大学童敏）；第三章社会工作督导的互动模式（广东医药大学邱媛媛）；第四章社会工作督导的反思学习模式（厦门大学在读博士史天琪）；第五章社会工作督导的整全模式（山东大学张洪英）；第六章社会工作督导的基本流程（北京大学刘冬妮）；第七章社会工作督导的技巧（山东女子学院赵记辉）；第八章社会工作督

导评估（重庆理工大学周玲、山东大学张洪英、山东女子学院赵记辉）。张洪英、董云芳、赵记辉对全书进行了通稿。

感谢中国社会工作教育协会社会工作督导专业委员会对本书编写的指导和帮助！感谢中国社会出版社的支持！感谢各位编辑老师为本书的编辑出版付出的心血和努力！对编著者而言，本书的编写过程同样也是重新梳理和学习社会工作督导知识的过程。在编写过程中，我们参考和引用了国内外很多专家学者的研究成果，在此一并表示感谢！由于时间和能力等各方面条件的限制，本书仍有很多不足之处，真诚希望各位读者能够提出批评和建议，帮助我们做得更好。

张洪英